体育赛事文化与运营管理研究

刘旭东　刘　庆／著

南京出版传媒集团
南京出版社

图书在版编目（CIP）数据

体育赛事文化与运营管理研究 / 刘旭东，刘庆著
. -- 南京：南京出版社，2021.10
ISBN 978-7-5533-3385-4

Ⅰ. ①体… Ⅱ. ①刘… ②刘… Ⅲ. ①运动竞赛—文化研究②运动竞赛—运营管理—研究 Ⅳ. ① G808.2

中国版本图书馆 CIP 数据核字 (2021) 第 172493 号

书　　名　体育赛事文化与运营管理研究
作　　者　刘旭东　刘　庆
出版发行　南京出版传媒集团
　　　　　南　京　出　版　社
社址：南京市太平门街 53 号　　邮编：210016
网址：http：//www.njcbs.cn　　电子信箱：njcbs1988@163.com
联系电话：025-83283893、83283864（营销）　025-83112257（编务）

出 版 人　项晓宁
出 品 人　卢海鸣
责任编辑　金　欣
装帧设计　马静静
责任印制　杨福彬

印　　刷　三河市德贤弘印务有限公司
开　　本　710 毫米 ×1000 毫米　1/16
印　　张　13.5
字　　数　214 千字
版　　次　2022 年 4 月第 1 版
印　　次　2022 年 4 月第 1 次印刷
书　　号　ISBN 978-7-5533-3385-4
定　　价　65.00 元

用微信或京东APP扫码购书

用淘宝APP扫码购书

PREFACE 前言

随着竞技体育运动的高度发展，各种类型的体育赛事涌现出来，在市场经济发展的今天，体育赛事也紧跟时代发展的潮流，逐步形成了一个日益完善的产业市场体系，在这一产业市场体系下，体育赛事能获得稳定健康的发展。而在体育赛事产业市场不断发展的情况下，整个体育赛事文化体系也得以建立，这一体系内的内容非常丰富，其在产业市场发展的背景下具有独特而鲜明的优势，对社会各个层面都产生了非常重要的影响。尤其是对于那些大型体育赛事而言，其不仅能使体育赛事组织机构获得可观的经济效益，还能给赛事举办地的经济和社会发展带来重大的影响，而且这一影响是非常广泛和深远的。因此，挖掘与探寻体育赛事文化的价值对于体育赛事自身以及整个体育事业，乃至整个社会的发展都具有重要的意义。这也是本书研究的一个重要目的。

目前，关于体育赛事文化方面的研究并不是很多，为数不多的研究中主要涉及赛事文化的概念、特点及价值等几个方面，研究内容显得比较单一，并且研究大都停留在表面，不够深入细致。本书则从体育赛事发展现状的调查入手，在研究了以上内容的基础上，还重点分析了体育赛事文化对举办地的多方面影响，以及体育赛事文化如何传播与推广，体育赛事文化环境的建设等，这能极大地丰富与完善体育赛事文化研究体系。除此之外，本书还重点研究了体育赛事的科学运营与管理，以推动体育赛事产业市场的进一步发展。

本书共有八章，其中第一章详细阐述了体育赛事文化的理论知识，并分析了体育赛事发展的态势，有针对性地提出了促进体育赛事发展的策略。第二章重点分析了体育赛事文化的价值及对举办地的影响力，其中关于影响力的研究主要集中于城市经济、社会发展、就业、环境建设、旅游业发展等几个方面，能让人们更加深刻地认识到体育赛事的重要影响力，从而加倍重视体育赛事的发展。第三章重点探讨了体育赛事文化传播的策略及体育赛事文化环境的建设与发展。第四章主要研究了体育赛事运营管理的理念与流程，通过这一方面的研究，能帮助体育赛事爱好者更好地认识与了解体育赛事运营与管理等方面的知识，也能为体育赛事工作人员提供一定的指导。第五章是关于体育场馆运营与管理的研究，体育场馆是体育赛事活动的重要载体，因此其建设与管理水平如何将直接影响到体育赛事活动能否顺利开展，本章在调查我国体育场馆建设现状的基础上，重点研究了体育场馆环境管理、卫生防卫管理、信息化管理等方面的内容，能为我国体育场馆的建设与发展提供一定的参考。第六章为体育赛事人力资源管理的研究，重点分析了体育赛事人力资源管理的运行机制、实施流程与科学评估等几个方面的内容。第七章为体育赛事财力资源管理的研究，主要涉及体育赛事收入与支出管理、筹资管理、财务控制管理和财务风险识别与管理等几个方面的内容。第八章是关于体育赛事安全风险管理的研究，在阐述体育赛事风险管理的内容与过程的基础上，重点分析了体育赛事的反兴奋剂管理、体育赛事的暴力事件处理、体育赛事的运动伤病处置等内容，能为体育赛事管理者提供一定的帮助。

全书由刘旭东、刘庆撰写，具体分工如下：

第一章、第三章、第四章、第六章，共10.7万字：刘旭东（武汉工程科技学院）；

第二章、第五章、第七章、第八章，共10.4万字：刘庆（武汉工程科技学院）。

本书在研究的过程中，借鉴了大量的与体育赛事相关的资料，在此向有关学者表示衷心的感谢！体育赛事的文化内涵非常丰富，关于这方面的研究也是一项比较前沿和复杂的工作，而体育赛事文化的研究也始终是不断向前发展的，受作者水平所限，书中难免存在不足之处，恳请广大读者批评指正，以便今后逐步改进和完善。

作者

2021年6月

CATALOGUE

目录

第一章 体育赛事文化及发展态势分析

体育赛事是一个遍及社会各阶层、涉及世界各地的特殊社会现象。随着体育赛事的不断发展和演进，其理论和实践逐步趋于成熟，竞赛形式丰富多彩，规模日渐扩大，参与人数逐步增多，产生了广泛而深远的社会影响力。本章主要就体育赛事文化的基本理论及其发展态势进行阐述与分析，包括体育赛事的概念、分类、基本特征以及起源和发展。

第一节 体育赛事的概念与分类

一、体育赛事的概念

我国对体育竞赛概念的研究要比对体育赛事概念的研究早一些。田麦久教授将体育竞赛定义为“运动员个体之间或运动队之间在裁判员的主持下按统一规则所展开的竞技较量”。体育赛事与体育竞赛不完全一样。随着经济发展和社会文明进步而产生的体育赛事具有鲜明的经济性特征、社会性特征，富有丰富的文化内涵，多种因素的影响使得体育赛事的参与目的和目标越来越多样化。体育赛事的参与者除了想要强身健体、愉悦精神、实现个人价值外，还有交友的动机，这是体育赛事具有社会功能的一个重要体现。多样化的参与目的也促进了体育赛事开展形式与内容的丰富多彩。例如，跑步这项运动在奥运会、全运会等综合性运动会中是一项常规赛事，但也有专门的跑步比赛，最具代表性的就是马拉松比赛，它形式多样，如有城市马拉松、环湖马拉松、森林马拉松等，参与者既能放松身心，又能领略自然风光，陶冶情操。此外还有一些跑步赛事有特定的主题，如彩色跑等，这种赛事的娱乐性极强。

肖林鹏教授从项目管理的角度对体育赛事的概念进行了研究，其指出体育赛事这项社会活动非常复杂，它是以体育比赛为核心的一系列活动的总称，其包含的具体活动有赛事筹备与规划活动、赛事实施与控制活动、赛事收尾与整理活动、门票促销活动、媒体推广活动、赛事产品开发活动等。肖林鹏教授对体育赛事概念的研究是有进步意义的，这一研究打破了仅考虑体育比赛本身而去定义体育赛事的局限，在考虑体育比赛的基础上综合考虑了相关社会因素。但从项目管理角度对体育赛事的概念进行研究也有弊端，容易将体育赛事与体育项目混淆。体育赛事是特殊的社会现象，不同群体对体育赛事有着不同的需求，在体育赛事的举办过程中，要充分考虑赛事的价值功能及重大影响，在综合考虑社会因素的基础上开展一系列具体的活动。

王晓东教授也提出了体育赛事的定义："体育赛事是以体育竞赛为中心的特殊事件，是按照竞赛规程组织运动员在规定时间和地点参加的竞技性体育活动的总称。"①他还指出，体育赛事的社会影响力广泛，能够使大众参与及欣赏体育活动的需要得到满足。

叶庆晖博士指出，体育赛事是"一种具有项目管理属性的特殊事件"，传统习俗、规则直接影响体育赛事的规模和形式，体育赛事的开展有其特定的文化背景。体育赛事市场潜力巨大，除了竞赛产品外，还有许多衍生产品和服务，能够使不同参与群体的多种需要得到满足。体育赛事产生的冲击和影响从政治、经济、文化、自然环境等领域都能体现出来。叶庆晖博士从特殊事件的角度对体育赛事的概念进行界定，认为体育赛事是特殊事件，"特殊事件"视角和"系列活动"视角有一些区别，后者将体育赛事看作是围绕体育比赛这个核心展开的一系列复杂活动。体育赛事和体育比赛本身不能等同，不能单纯认为体育赛事就是体育比赛这一特殊事件，所以要结合"活动"视角来定义体育赛事。

---

① 张春萍.体育赛事管理教程[M].北京：经济管理出版社，2016.

邢尊明博士在关于体育赛事概念的研究中引出“大型活动”一词，指出体育赛事是一项大型活动，他强调这一大型活动的参与性特征与娱乐性特征，强调举办体育赛事要重视人们在参赛过程中的身心体验，并建议将娱乐元素融入体育赛事中，从而增添赛事的娱乐性，吸引更多的人参与，使参与者获得乐趣。

从有关学者对体育赛事概念的研究情况来看，体育赛事与特殊活动有密切的关系，可以从特殊活动这个视角来理解体育赛事。体育赛事具有特殊活动的某些特征，但也有自身的独特性。体育赛事有明确的内涵，即竞技活动是体育赛事的核心。体育赛事有很多外延性的东西，除了体育比赛外，围绕比赛展开的众多活动都可以理解为体育赛事的外延，但也都属于体育赛事的范畴，如设置赛事组织机构、赛事资源管理、赛事营销、赛事转播、赛事场地建设、赛事医疗保障等。可见，体育赛事这一复杂且特殊的活动涉及政治、经济、文化等众多因素。在新时期，随着体育赛事的不断发展及其影响力的日益扩大，各行业对投资体育赛事表现出很高的热情，旨在借助体育赛事这一窗口来宣传企业品牌，提升企业形象和知名度，创造更丰厚的经济收益。举办体育赛事也是地方政府所热衷的事，目的是让更多的人认识赛事举办地，打开知名度，提升美誉度，并给当地的经济发展带来积极影响。因此，给体育赛事下定义时，举办赛事的多种目标与目的是需要考虑的因素。

体育赛事并不是经常发生的事件，是在特定期限范围内开展的，体育赛事要由专业的团队来运作，运作团队的成员包括赛事组织管理者、售票者、市场营销者、公关媒体等，这些成员都应具备相应的专业素养与职业素养，并组成一支优秀的团队来推动体育赛事的顺利运作。

根据对体育赛事概念的研究，可以总结出下面几个特点。

（1）体育赛事以体育比赛活动为核心。

（2）体育赛事活动不定期发生，是有期限的。

（3）体育赛事涉及很多领域，如经济领域、文化领域。

（4）体育赛事参与者有多种不同的参与目的。

结合上述研究及综合考虑以上因素，这里将体育赛事的概念界定为：体育赛事是一种提供以体育竞赛为核心的产品及相关服务的，具有项目性与一定影响力的体育活动。①

① 张春萍.体育赛事管理教程[M].北京：经济管理出版社，2016.

二、体育赛事的分类

体育赛事的分类方法有很多种，常见分类方法见表1-1。

表 1-1　体育赛事的分类方法

分类方法	赛事类型
按比赛项目的数量分类	综合性运动会 单项竞赛
按参赛者的年龄分类	儿童组 少年组 青年组 成年组 中老年组
按参赛者的组织系统分类	区域性竞赛 行业、系统性竞赛 业余训练系统的比赛 跨行业、跨系统的比赛
按竞赛目的、任务分类	锦标赛 冠军赛 联赛 邀请赛 选拔赛 表演赛 对抗赛 友谊赛 通讯赛 达标赛 冠杯名赛 段位赛 等级赛

下面重点分析上表中的四种分类方法。

（一）按比赛项目的数量分类

1. 综合性运动会

（1）定义

综合性运动会是一种综合性的竞赛形式，即在一次大型运动会中举行一系列单项比赛。

（2）特点

这种赛事形式的特点是有很大的规模，设置了很多项目，赛事组织管理的工作量大且较为复杂，对礼仪程序较为注重。

（3）目的

举办这类体育赛事主要是为了对体育运动的开展情况及运动员的训练质量进行检查，在实战中提高运动员的技术水平，培养参与者的民族精神，强化参与者的集体荣誉感，并对大众体育活动的发展起到积极的推动作用。

2. 单项竞赛

（1）定义

这类体育赛事是专门针对某一项目举办的竞赛形式。

（2）特点

因为只有单一的比赛项目，所以组织较为方便。

（3）目的

举办这类赛事是为了对某一运动项目的发展情况进行检验，并提高运动员的专项运动技能。

（二）按参赛者的年龄分类

在竞技体育比赛和群众体育比赛中，以参赛者的年龄分布为依据而进行分组比赛是较为常见的一种比赛形式。常见的划分方式见表1–2。

按年龄分组比赛体现了体育赛事的竞争性、公平性，可以鼓舞不同年龄参与者的斗志，提高各年龄段参与者的自信心。

表 1–2　按参赛者年龄对体育赛事分类

参赛组别	年龄区间（岁）
儿童组	＜10
少年组	10—15
青年组	16—22
成年组	＞22
中老年组或老年组	45—60 ＞60

此外，在每个参赛组别还有更详细的划分，如少年甲组、乙组，成年甲组、乙组等。

（三）按参赛者的组织系统分类

1. 区域性竞赛

（1）定义

区域性竞赛是各行政区域内组织的比赛，本地区各行业只要符合参赛条件的人员均可参与。比赛中可以只设置单一项目，即单项竞赛，也可以设置多个项目，即综合性运动会。

（2）特点

这类比赛有着极强的竞争性，受关注度高，不仅很受人民群众关注，也受到了政府的重视。

（3）目的

举行这类赛事的目的在于提高地方体育运动的发展水平，将区域内群众的体育锻炼热情调动起来。

2. 行业、系统性竞赛

（1）定义

行业、系统性竞赛是某一行业或产业系统举办的比赛，只允许本系统所属单位的人员参加。比赛中可以只设置单一项目，即单项竞赛，也可以设置多个项目，即综合性运动会。

（2）特点

这类赛事具有较强的竞争性、团体性，可以产生明显的社会效益。

（3）目的

举办这类赛事是为了对行业、企业精神进行传播，促进企业影响力和凝聚力的增加，将职工的工作热情激发出来。

3. 跨行业、跨系统的比赛

（1）定义

这是各行业中大中型企业参加的一类赛事，以企业为参赛单位。这类竞赛形式是近年来比较流行的一种社会体育赛事。

（2）特点

这类赛事的特点是，比赛场上参赛者展开激烈竞争，场下参赛者进行商业合作和产品交流。这类赛事可以带来明显的社会效益。

（3）目的

举办这类赛事是为了给企业提供贸易洽谈的平台，对企业产品进行宣传，促进企业声誉的提升。

4. 业余训练系统的比赛

（1）定义

这是基层业余体校和运动学校的学生参加的一类比赛。

（2）特点

赛前组织体质测试，注重参赛学生的全面发展。

（3）目的

举办这类赛事是为了对优秀的体育后备人才进行选拔和培养，多方面锻炼青少年运动员，促进其竞技能力的提升。

（四）按竞赛目的、任务分类

1. 锦标赛

集体项目按规定的名次，单项按规定报名标准组织比赛并计算单项赛团体总分。各运动队根据自己在上一年度比赛中取得的名次或成绩按规定报名参赛。

2. 冠军赛

这是按规定报名标准组织的单项比赛。这种比赛只计单项名次，而不计团体总分。

3. 联赛

这是按年度仅限于集体球类项目而组织的同一运动级别代表队间的竞赛。比赛按名次分甲、乙级，实行升降级制度，赛后根据成绩对运动队的级别重新进行调整。

4. 邀请赛

由东道主发起，邀请外队在主办单位所在地进行的比赛。这类竞赛组织过程中产生的经费主要由主办单位承担，举办这类赛事能够促进团结，有助于建立和巩固友谊。

5. 选拔赛

选拔赛是为了对优秀运动员进行挑选而专门组织的一类赛事，挑选优秀运动员是为了让其参加更高级别和水平的竞赛。选拔优秀运动员不能只限制于考查当场比赛名次，而要全面考量运动员的运动潜能、发展潜力、培养价值以及各方面的综合素质条件。

6. 表演赛

这是为了对某项运动进行推广、宣传，丰富文化生活而组织的一种比赛，比赛结果不像对抗赛那样重要。观众观看与欣赏表演赛，可获得身心享受和心灵启发。

7. 对抗赛

这是同一级别、水平相当的运动员或运动队之间进行对抗的一类比赛。有较强的竞争性和充分的观赏性，时间、制度对这类赛事的限制并不大，对抗双方将比赛结果看得很重要。

8. 友谊赛

这是为交流经验、促进团结和巩固友谊而举行的一类比赛。通常用于不同国家或不同省市之间的政治、经济及文化交往活动。参赛队不过分追求胜负，而将比赛中的交流和友谊看得很重。20世纪70年代著名的“乒乓外交”就是典型的友谊赛形式。

9. 通讯赛

不同单位分别在规定时限内在不同地点进行的同一项目的比赛就是通讯赛，比赛结束后以通讯形式向主办单位告知运动成绩，然后进行名次评定。以客观标准（重量、距离、时间、累积分数、命中环数等）为依据进行比赛成绩评定的项目适合采用这种比赛方式。[①]举办通讯赛可以节约时间，节省经费，拓宽参与面，但无法使不同单位的参与者面对面交流。

10. 达标赛

当一项竞赛的参与人数过多时，先举行及格赛，在及格赛中达到预定成绩标准或在规定名额以内的人才能参加达标赛。举办这类赛事要先做好参赛人数的精简工作，这样才能显示出比赛水平。

11. 冠杯名赛

这是为促进社会体育发展而创办的融体育竞争与企业竞争于一体的一类比赛，始于20世纪80年代中期。在综合性运动会的单项比赛中常出现这一比赛形式，这一形式既适用于正式比赛，也适用于非正式比赛。竞赛经费由企业承担，或者企业承担一部分，其余经费来源于专门的财政支出。杯名就是赞助单位的名称或产品的名称，也是竞赛的名称。

---

① 樊志军.体育赛事的组织与管理[M].北京：人民体育出版社，2007.

举办冠杯名赛可促进体育事业和企业经济的协同发展，可以解决举办体育赛事资金问题，也能通过比赛来宣传赞助企业的产品，提高企业的影响力和产品的知名度，这样的广告效果能够给赞助商带来巨大的经济收益。赞助商的介入大大增加了体育比赛的举办次数，使体育比赛更加活跃。但因为赛事经费主要来源于赞助商投资，所以赞助商有时会干预赛事主办方对赛事的组织管理，干预不当会对比赛的顺利进行造成影响。

除了以上几种常见的分类方法外，还能以季节、赛制、性别、经费来源等为依据为体育赛事分类。但从体育赛事的发展历史来看，任何类型的赛事都有两种基本的组织形式，即综合性运动会和单项竞赛。

12. 段位赛

段位赛是一种典型的比赛等级制度，专用于围棋运动，按照规定，运动员段位的高低是根据其胜负场次而决定的。我国目前将围棋运动的段位体系分为两个层次，一是国家段位，二是地方段位。国家段位最低初段，最高九段，五段以上的棋手称为高级棋手，相当于运动健将等级。

段位赛实行严格的等级划分制度，竞争性很强。全国每年举行一次段位赛，棋手能否升级，要看其在国家段位赛中取得的胜利场数，而不是看其在地方段位赛中的成绩。

13. 等级赛

这是按国家体育总局颁布的各项运动等级标准而为运动员专门举行的比赛。应由各级体育局按照管理权限逐级办理各运动等级称号的审批手续。

一般运动项目均设有四个运动等级，分别是运动健将、一级运动员、二级运动员和三级运动员，国际象棋和中国象棋则设有五个运动等级，分别是特级大师、国家大师、一级骑士、二级骑士和三级骑士。运动员参加等级赛有强烈的达标意识，就是为了提升运动等级，这一单一的参赛目的使得他们在比赛中充分展示自己的运动水平。

不同类型的项目对运动员获得等级称号有不同的要求，如评分类项目，运动员需达到某一等级的规定动作标准才可获得相应等级称号；以时间、距离为依据评定成绩的项目，运动员需达到某一等级的规定数据要求才可获得相应等级称号；集体球类项目和棋类项目，运动员需达到某一等级的规定胜率才可获得相应等级称号。另外，评定等级称号也能以运动员在一定级别的竞赛中取得相应标准的运动成绩或胜率为依据。

第二节 体育赛事的基本特征

一、竞争性

在现代社会环境中，竞争现象普遍存在，不管是在自然界，还是在人类社会，优胜劣汰一直都是不变的法则与规律。在形式多样的社会竞争中，体育竞争较为特殊，其出现于体育赛事这一特殊的社会现象中，击败对手，在比赛中获胜便是竞争的目标。一场体育比赛中只能有一方优胜者，竞争就是为了决出优胜者，一旦决出优胜者，比赛就有了结果，可见体育赛事的排他性很明显。体育赛事中的竞争要体现公平性。体育赛事的竞争性对参赛者的体能素质、心理素质、技战术能力以及运动智能都提出了较高的要求，因此参赛者要注重训练的全面性，以提高自己的综合运动能力。

奥林匹克精神倡导“重在参与”，这与竞争、对抗等并不矛盾，“参与”体现的是对比赛的态度和积极性，这是竞争的前提，而不是说只要参与就可以了，不必在激烈的竞争中争高下。如果只是为了参与而参与，空有一腔热情，没有进取精神和求胜心，那么体育赛事也就没有了本质意义。

二、激烈性

举办体育比赛，以对抗的方式来比较参赛双方的运动能力，评定双方的运动成绩，比赛结果主要体现在双方各自取得的运动成绩上。只有通过激烈对抗，才能产生客观的比赛结果。现代体育赛事中的对抗越来越激烈，这与以下几方面的原因有关。

第一，随着现代科学技术的普及和情报收集的完整，任何提高运动成绩的方法都难以成为秘密，某一先进的训练方法很快就会得到推广。

第二，科学训练的程度有了质的变化，在有些项目中，过去被称为人类“极限”的成绩相继被打破。

第三，现代体育竞赛的社会功能所带来的效益非常大，以至于很多国家专门制定了“奥运战略”。

第四，在竞赛中获胜，运动员、教练员可获得丰厚的物质奖励和巨大的殊荣，有时一场比赛的胜负就可决定运动员的一生。

第五，由于媒体的操作，体育竞赛的激烈程度不断增强。①

以上这些原因都是体育比赛中激烈对抗的强刺激因素。

三、综合性

任何一场比赛，不论参赛者有多少，竞赛结束时，只有极少数选手能够成为优胜者。获胜者享有巨大荣誉，并获得相应的经济收益，尤其是奥运会等受世界人民瞩目的大型综合性比赛。因此，参赛选手们都竭力争取比赛的胜利，将其作为参加训练和比赛的最高目标。体育赛事具有重要的社会功能，赛事对体育发展又有特殊的作用，所以使得人们的参赛动机具有多重性和复杂性。例如，有通过参加体育赛事来增强国家与国家之间、民族与民族之间的交流，缓解矛盾的；有为提升国家或地区在世界上的地位与威望的；有为国家或地区争得荣誉的；有为实现自我价值的；有为获得荣誉和物质奖励的；等等。然而，无论要达到何种参赛目的，其中获胜并取得优异成绩仍是最根本和最直接的目的。绝大多数的目的都必须通过达到“获胜”这一目的才能实现。

四、制约性

制约性主要是指体育赛事条件。体育赛事和个体自身的运动行为、自发的游戏相比，有个很重要的区别就是体育赛事对参赛行为、参赛条件有严格的制约。为了使体育比赛能够顺利进行，必须提前构建相应的结构体系与运行机制。这一体系及机制对参与比赛活动的所有人群（首先是参赛运动员）和整个的组织工作提出了严格的制约条件，

① 童建民.大型体育赛事的市场化运作与管理研究[M].北京：中国原子能出版社，2016.

使比赛按预定的规程和统一的规则进行。比赛规则对比赛的开展有着明显的制约作用。例如，对于羽毛球、乒乓球等隔网对抗性项目来说，当比赛的竞技性和观赏性下降时，就会通过改变竞赛规则来增加比赛的激烈程度，进而提高比赛的观赏性与竞技性。①

五、扩散性

随着社会的发展，尤其是信息媒介的发展，体育比赛的战况及结果已成为人们特别是体育爱好者茶余饭后的谈资，成为人们业余文化生活的重要组成部分，加之体育赛事的商品价值得到深度开发，人们对体育赛事的关注程度日趋增高。为此，体育比赛信息具有迅速扩散的特性。体育赛事信息的扩散与以下几方面的因素有关。

第一，运动竞赛的结果被人们密切关注。

第二，现代传播组织拥有高效率的信息传播手段。

第三，体育比赛信息扩散主要依靠媒体手段，如电视、广播、网络视频等现代媒体手段以及成绩册、报纸、杂志等传统媒体手段。

第四，体育社会化与商品化的需要，为公司和企业投资赛事提供了条件。

第五，体育职业化的必然选择，各类体育俱乐部联赛、大奖赛、系列赛的出现，为体育信息的扩散增添了商业价值。

六、随机性

体育赛事的随机性体现在体育赛事的过程和结果两个方面。

体育比赛的整个过程充满动态变化，而且这些变化有些是事先无法预料的。双方同时出场的直接对抗性比赛过程尤其如此，比赛的双方都在不断地观察赛场上的形势，并及时采取新的技战术措施，力求抑制对方所具有的技战术优势及各种竞技能力的发挥，双方都是如此。这就构成了竞技场上不断变化发展的尖锐矛盾与激烈斗争。

体育比赛的结果同样具有随机性的特征。不仅各种对抗性运动项目的结果难以预测，而且跑步、游泳、举重等体能主导类项目的比赛结果也具有很强的不确定性。体育比赛过程及结果的不确定性正是其

---

① 童建民.大型体育赛事的市场化运作与管理研究[M].北京：中国原子能出版社，2016.

巨大魅力所在。对于比赛结果的预测、期盼、等待是广大观众怀着激动的心情观看比赛的心理动力。

七、可比较性

尽管体育赛事举办的时间、地点不同，但是对于同一级别、类型的大型体育赛事或一场正式比赛，由于预先对比赛的各种条件进行了严格规定和规范，使得各项目运动员在条件均等的情况下参加比赛，他们所创造的成绩是可比的。比如明确提出运动员的参赛资格和限定条件，包括运动员的年龄、性别、运动级别、成绩资格等，同时限定比赛场地器材、地理位置、裁判员水平、成绩评定手段、竞赛规则执行标准等条件因素，这些条件对于参赛者都是公平的。

八、风险性

任何一项体育运动都具有一定的风险，尤其是高水平的体育赛事，其风险性更大。这里的风险不仅指体育运动项目本身给运动员所带来的身体上的风险，同时也包括整个体育赛事活动对周边环境造成的风险。在体育赛事组织管理中需要充分考虑体育赛事的风险性，做好安全防范工作，保障运动员的安全。

九、项目性

体育赛事从开始、运行到结束的整个过程都是明确的，遵循一般项目管理的过程，符合项目的基本特性，包括一次性、临时性以及期限性。

项目的一次性是指每一场体育赛事都是唯一的，有明确的开始时间和结束时间，每一场体育赛事在此之前从来没有发生过，而且将来也不会在同样的条件下再发生，但日常运作是无休止或重复的活动。

项目的临时性主要表现为根据体育赛事的需要建立相应的赛事组委会，体育赛事组织中的成员及其职能是临时确定的，并且在赛事组织过程中随时调整，体育赛事结束以后赛事组委会将会解散。

项目的期限性是指体育赛事具有一定的期限，从赛事的筹备到赛事的收尾与评估都在一定期限内。①

基于体育赛事具有项目性特征，其管理过程也符合项目管理的所有特性，包括范围管理、时间管理、成本管理、质量管理、人力资源管理、沟通管理、风险管理等，在体育赛事的管理过程中可参考项目管理的相关理论。

十、文化性

作为人类文化的重要组成部分，体育赛事这一社会文化现象具有特殊性和复杂性。体育赛事在发展过程中积淀了丰富的文化内涵。不管是什么地域的体育赛事，也不管是什么项目的体育赛事，都有其鲜明的文化特征。体育赛事的文化属性受到了越来越多观众的认同，这有力推动了体育赛事的发展。

下面具体分析体育赛事文化性特征的几个重要体现。

第一，体育项目本身。体育赛事是人类参加的体育活动，人类自身发展的特征能够从这一人类活动中体现出来。人类文化的发展可从体育运动及体育赛事的发展中体现出来，不同的体育项目都具有一定的文化代表性。

第二，比赛的礼仪规范。体育赛事对参赛者的服装、行为礼仪都有特定的要求，如马术比赛要求参赛者穿骑士装，要求观众在观看比赛期间保持安静，不要大喊大叫，以免马匹受到惊吓；集体性的球类项目比赛要求参赛者都穿上队服，让观众分清是哪支球队，观众在观赛中可为自己喜欢的队加油，但要文明观赛；高尔夫球比赛有着更为严格的礼仪要求，观众从运动员准备挥拍到挥拍的过程中不可以发出任何响声，也不能拍照，避免对运动员造成干扰。

第三，开幕式。体育赛事开始前的开幕式和相关主题活动都蕴含着一些文化因素，具有鲜明的文化特征，尤其能够体现出赛事举办地的文化。赛事举办地将地区文化融入开幕式中，使更多的人了解本地文化，这有助于提升赛事举办地的知名度与影响力。

第四，体育赛事管理。以往的体育赛事管理透露着一股野蛮，但现代体育赛事管理更科学、规范，这是人类文明进步和体育文化发展

---

① 童建民.大型体育赛事的市场化运作与管理研究[M].北京：中国原子能出版社，2016.

的重要体现。

十一、多元性

多元性特征主要体现在体育赛事的产品上。体育赛事多元产品的产生与体育赛事项目的丰富性、形式的多样性以及赛事目的的多元性有直接的关系。体育赛事产品的类型很多，主要有竞赛产品、服务产品和衍生产品。

竞赛产品是无形的，产品质量取决于运动员的运动水平，运动员竞技水平高，能够带来精彩的比赛，这样的竞赛产品就是高质量的，职业联赛就是质量很高的竞赛产品，该产品能够带来非常可观的经济收益，主要渠道有赛事转播、销售门票等。

围绕体育赛事产生的以劳动形式为他人提供服务（如旅游服务、交通服务、食宿服务、信息服务）的产品总称为体育赛事的服务产品。丰富而优质的服务产品能够为体育赛事的参与者以及观众带来良好的体验，使参赛者与观众都对这次比赛及比赛举办地留下深刻的印象。

围绕体育赛事主题而生产的服装、玩具、纪念品等有形产品都可以看作是体育赛事的衍生产品，相关主题活动、嘉年华活动等也属于衍生产品，这些产品能够为主办方带来可观的收入。

十二、平等性

运动员在平等条件下参加比赛是举办任何体育赛事都明确提出的规定。体育精神集中体现为“公平、公正、公开”，这是体育比赛最基本的要求。体育比赛的参与者有各种不同的出身，社会背景也不同，但这些不会成为限定他们参赛的条件，运动员只要符合参赛条件，就可以平等参加比赛。

十三、理性化

现代体育赛事的规则比较复杂，规则不仅对体育赛事目标作了规定，而且对运动员的行为准则作了明确的规定，运动员在遵守行为准则和不违背规则的前提下努力拼搏，赢取比赛的胜利。规则不仅对运动员提出了要求，也对体育场地设备、评分方法、处罚方式等进行了规范，这都体现了体育赛事的理性化特征。

体育赛事的理性化还体现在体育策略上，如倡导对运动员的理性训练和理性评价等。

十四、专业化

体育专家和体育观众在一定程度上支配着体育赛事的运动形式。运动员在参加其专项赛事中可以体现出自己的专业优势，如篮球运动员参加篮球比赛、足球运动员参加足球比赛。此外，体育赛事的专业化还体现在体育器材、服装等方面，运动员穿特定服装、使用规定器材参加比赛，这都是为了满足比赛需要，也是为了体现比赛的专业性。

十五、分量化

现代体育赛事的组织管理中会用到相关的测量学与统计学知识，严格测量与统计是严谨办赛的基本要求。比赛结束后，要准确量化每场比赛和每个运动员的成绩，包括分数、距离、重量、时间等因素的量化。按照清晰透明的规则和方法、根据统计数据对运动员的成绩作出评价。

十六、纪录化

“更高、更快、更强”是奥林匹克格言，是体育精神的体现，它鼓励运动员刻苦拼搏、努力突破，勇敢挑战极限，打破纪录，创造奇迹。对比同一项目运动员的比赛成绩，公开发表个人、团队、国家创造的世界纪录，鼓励更多的运动员挑战纪录，创造新纪录。

十七、科层制

体育赛事的运行都是由一定的组织机构操控的，不同层次的体育组织机构控制不同级别的体育赛事，包括对比赛项目、参赛条件的规定，对比赛规则的制定以及对整个体育比赛中所有人、事、物的管理。

第三节　体育赛事溯源

一、体育赛事的起源

在原始社会中人类就有了强烈的求胜意识，在这种意识下也伴随出现了多种对抗形式。当时由于生产力水平极其低下，人们的思维水平有限，所以人们获取物质资源、维持生活以及争取地位最主要的方式就是野蛮的对抗。在激烈对抗与搏斗中产生的胜利者就成了原始部落群体中的“长老”。为争夺食物、占领土地、获取配偶而激烈争夺是原始社会人类生活的一部分，可见人类的劳动和生活孕育了求胜意识与对抗行为。

从人类求胜意识与对抗行为的起源来看，体育赛事的起源也可以追溯到原始社会。早在旧石器时代晚期就出了体能对抗活动和技能对抗活动，这些对抗活动的最后都要分出胜负，这就是人类体育赛事的萌芽。随着社会的进步、人类精神需求的增加以及思维水平的提高，原始人类生活中出现了越来越丰富的对抗行为方式，“身体练习”活跃于日常劳动、游戏以及舞蹈中，有胜负之分的原始运动比赛便由此产生。原始社会的体育竞赛是对人们的军事技能及劳动能力进行培养的一个重要手段。体育赛事的萌芽是由原始野蛮对抗向文明对抗过渡的重要标志，是对抗行为本身发展历史中的一次飞跃。体育赛事之所以发源于原始社会后期，与当时的社会背景有关，具体体现在原始宗教、战争和巫术等方面。在这些外在因素的影响下出现了人类最早的运动会，也就是“祭礼赛会”，当时是出于对祖先的祭奠、对英雄的缅怀、对丰年的祈求才举办这类竞赛活动的，同时也是为了满足军事训练的需要，使队伍更有凝聚力和战斗力。人类最早的运动会起到了特殊的文化作用和社会作用，也推动了体育赛事的发展。但是，祭礼赛会毕竟属于宗教活动的范畴，因为当时体育和比赛还没有形成独立的社会现象，人们在这方面的认知有限，所以也不能真正认识祭礼赛会在体育领域的影响与价值。

二、体育赛事产生的因素分析

体育运动起源于原始社会的祭祀、军事、劳动、游戏等活动中，如果说人类的生存需要、精神需要、健康需要等是体育运动产生的内部因素，那么祭祀、劳动等原始活动就是体育运动产生的外部因素。体育赛事是伴随着体育运动的产生而产生的，所以体育赛事的起源和祭祀、游戏、劳动等原始活动也息息相关。下面具体分析这些原始活动对体育赛事的影响。

（一）体育游戏

游戏是一种比较特殊的活动形式，它是在一定规则下进行的，其与体育赛事最原始的形态比较相似。例如，足球运动就起源于哈帕斯托姆这个流行于公元前3世纪的游戏。1066年，英国传入了这一游戏，1490年才有了正式的名称——足球运动。现代足球运动产生于英国，时间为1863年。此外，足球运动很像我国古代的蹴鞠游戏，战国时代蹴鞠游戏既是民间的一种娱乐方式，又是士兵训练的手段。很多球类运动都起源于游戏，如网球运动，早期法国传教士为了调节枯燥的教堂生活，发明了用手掌击打小球的游戏，这是网球运动的雏形。篮球是由詹姆斯·奈史密斯博士发明的“投篮游戏”发展而来的。此外，还有别的项目的产生也与游戏有很深的渊源，如跨栏跑是从跨越羊圈栅栏的游戏发展而来。

在一定规则下开展的游戏逐步发展成为一项体育运动，早期的运动规则和相应的游戏规则相关，随着体育运动的不断发展，规则越来越完善，从而为该运动赛事的发展创造了良好的条件。

（二）劳动和军事

许多学者对体育与劳动的关系进行研究时参考了马克思主义关于“劳动造人”的理论。在这一理论基础上对劳动和战斗的属性、特点进行分析，最后得出一个结论，即体育运动的起源与学习劳动技能和战斗技能有密切的联系。在狩猎时代，人们对生存技能的学习主要体现在日常劳作及与大自然的对抗中，由于当时生产力水平不高，人们只有跋山涉水、对抗野兽才能获得食物，在获取食物的过程中有大量的体能活动，如奔跑、跳跃、射箭、游泳等，这些都是人们维持生存的必备技能，这些身体活动也是现代体育的雏形。

除了个体为获取食物要劳动和对抗外，族群之间也会为了争夺领地与资源而展开战斗，这就要求族群成员掌握一些军事技能，马拉松、现代五项以及掷标枪等运动的产生都与远古时代的一些军事技能息息相关。劳动和军事为体育运动及体育赛事的产生奠定了坚实的基础。

（三）祭祀活动

祭祀活动在古代颇受重视，祭祀活动期间会举办一次盛会，为了表示对神明的敬意和对祖先的缅怀，人们唱歌、跳舞，还会举行一些竞技活动。

古代部落中人们将在比赛或决斗中战胜敌人的人称为英雄，体能超凡、智慧非凡，这是部落人群对英雄最深刻的印象和崇高的评价。在人们看来，英雄是帮助他们驱逐祸乱和灾难的“超人”，是使人们精神愉悦的福星，人们甚至把英雄比作神灵，这与人们的宗教信仰有关。在原始宗教活动中，竞技是一个普遍的活动形式，大家积极参与竞技活动，比起输赢，他们更在乎享受乐趣。那达慕大会最早就是一个大型祭祀活动，这个活动以竞技为主，目的是祭祀神明，大会中的主要项目有骑马、摔跤等，活动内容非常丰富。古代奥运会的产生与古希腊的宗教文化密切相关，在奥运会举办期间，各个城邦停止战争，享受竞技带来的快乐。

随着社会的进步与发展，祭祀活动的娱乐性比功利性更受关注，不同形式的竞技活动逐渐发展起来，如跑步有了短跑、长跑、接力跑、马拉松、跨栏跑等各种各样的形式，人们可以在丰富多彩的竞技运动中发现自己感兴趣的运动，并尝试参加自己感兴趣的比赛，这促进了现代体育及运动赛事的发展。

有学者指出，工业革命时期才出现了真正意义上比较规范化的现代体育赛事。工业革命早期，受各方面因素的限制，主要是富有阶级参加体育赛事；工业革命后期，随着生产力水平的提高，西方人的空闲时间越来越多，娱乐需要和精神需要越来越强烈，他们经常参加一些休闲活动来满足精神需求。同时随着中产阶级的壮大、女性地位的提升及反抗种族歧视思潮的出现，参加体育运动和体育赛事的阶层明显扩大，参加人数不断增加，体育赛事的社会意义也越来越被密切关注。20世纪20年代以来，随着体育资源的不断丰富、观众参与及体验需求的日益增加、政府对体育重视程度的提升以及相关产业的发展壮大，体育赛事在欧美国家率先发展起来，而且越来越成熟。之后我国也逐渐出现了形式多样、项目丰富的体育赛事，深受大众欢迎。

作为人类社会文明发展与时代进步的重要产物，体育赛事能够反映出社会文明程度及经济发展实力。在现代人类社会生活中，关注与参与体育赛事已成为非常重要的一部分。在全球化时代，随着信息技术的飞速进步，体育赛事将会迎来更好的明天。

第四节 体育赛事的发展现状与策略

一、我国体育赛事的发展历史

中华人民共和国成立后，我国体育赛事发展迅速。在这一时期，党和政府把培养大量的运动竞赛人才，作为促进我国社会主义体育事业发展的重要环节。我国的运动赛事开始从以学校为主体向全民参与和高水平的方向发展。进入21世纪以来，我国举办和参加的大型体育赛事越来越多，我国的竞技运动水平和赛事组织与管理水平也明显上了一个台阶。

（一）组织举办国内运动赛事

中华人民共和国成立后，体育运动赛事发展是从初期的全民性赛事活动中开展起来的。1950~1957年，为了响应我国大力发展体育的号召，国家开始大力兴建各种类型的体育场馆、体育院校也纷纷建立起来，与运动赛事相关的制度也制定并颁布，这无疑对我国运动赛事的发展具有重要的推动作用。这一时期我国还举办了首届全军运动会和全国工人运动会。

1958~1965年间，受当时历史因素的影响，我国的体育运动赛事的发展遭受到了重大的挫折，各项体育赛事活动一度出现高指标和浮夸风，严重制约和影响了我国体育赛事的发展。直到1960年底，原国家体委在“调整、巩固、充实、提高”的方针政策的指导下，及时采取了有针对性的措施和手段，才使得体育赛事逐步走上了正轨，并且在这一时期举办了国内大规模的运动赛事——第1届和第2届全国运动会，这在一定程度上掀起了我国体育赛事发展的高潮。

受历史因素的影响，我国的体育事业在20世纪六七十年代遭到了严重的破坏，竞技运动水平急剧下降，体育赛事的种类和数量也降到了最低点。直到1975年，我国举行了第3届全国运动会，我国体育运动竞技成绩才有了一定程度的回升。

1977年后，我国体育运动赛事体系逐步得到恢复，赛事活动范围和规模得到不断扩大，这极大地推动了我国体育运动水平发展和提高。

进入20世纪80年代后，随着我国改革开放的深入进行以及体育运动的发展，我国的体育运动赛事规模继续得到扩大。这一时期各种类型的体育运动会得以举办，如全国大学生运动会、全国少数民族运动会、青少年运动会、全国残疾人运动会、全国城市运动会、全国农民运动会、全国体育大会等，这些运动会大都囊括了所有的体育赛事，对我国体育赛事的完善与发展具有重要的意义。1983年和1987年举行了第5、6届全运会，之后，我国在北京、上海、广东分别成功举办了第7、8、9届全运会，从第10届全运会开始，国家体育总局出台了争办的有关规定，通过竞争，江苏省获得了举办十运会的资格并于2005年成功举办；第11届全运会于2009年在山东省举行；第12届全运会于2013年在辽宁省举办；第13届全运会于2017年在天津市举办。可以说，全运会的举办是我国体育界的一大盛事，它对我国体育赛事组织与管理水平的提高具有重要的推动作用。

发展到现在，我国每年举办的各类型的体育赛事日益增多，既有国际比赛，也有国内比赛；既有综合性运动会，也有单项运动赛事等，这充分说明我国体育运动赛事进入了一个崭新的发展阶段，标志着我国体育赛事的发展迎来了一个美好的春天。

（二）组织承办国际运动赛事

随着我国经济水平的不断提升，我国的体育竞技水平和赛事组织管理水平也得到了一定程度的提高。据不完全统计，我国曾前后承办过田径、体操、跳水、游泳、乒乓球、羽毛球、举重、射击、篮球、排球、足球等重大的国际比赛，同时通过赛事组织者的精心组织与管理，也取得了较为理想的办赛效果。

在我国体育赛事发展的过程中，我国不仅承办了一些单项国际性重大比赛，而且也承办了许多国际综合性比赛。如1990年北京成功举办了规模空前的第11届亚运会，这届亚运会的成功举办向世人证明了我国举办大型综合性运动会的能力，让世人刮目相看，这届亚运会也成为我国承办重大国际运动赛事的一次重大突破。而2008年北京奥运会的成功举办更是证明了我国举办超大型体育赛事的能力。在北京奥运会的闭幕式上，时任国际奥委会主席罗格给予北京奥运会以“无与伦比”的赞誉，这对我国是一个极大的肯定。

进入21世纪后，我国广州市又成功举办了2010年第16届亚洲运动会。另外，北京和张家口又获得了2022年冬季奥运会的举办权，这一系列事件都充分证明了我国具备了承办国际综合性体育赛事的能力。

二、我国体育赛事的发展现状

（一）出现全民办赛事的盛况

2014年，国家体育总局发布《体育总局关于推进体育赛事审批制度改革的若干意见》取消了商业性赛事和群众性体育赛事的审批。商业性赛事和群众性赛事的行政审批权的取消，意味着体育社团组织发挥实体作用。体育赛事行政审批工作的系统性和复杂性为体育行业协会类社会组织提供了发挥作用的空间。体育行业协会和中介组织等民间社团组织通过代审、代理等形式参与赛事行政审批工作，可以使行政审批的透明度得到提高，又能节约资源，降低赛事交易成本和赛事制度运作成本。因此体育赛事的数量快速增长。

市场在赛事资源的配置中发挥主体地位。开放体育表演市场，给商业赛事和群众性赛事松绑，在理念上往前跨了一步，体育赛事的举办不再仅仅局限于传统的竞技性体育赛事，全民参与的群众性体育赛事和商业性体育赛事所占比例开始上升，体育赛事的举办开始逐渐转向以市场为导向。

（二）赛事种类多样，质量良莠不齐

当前，我国体育赛事呈现了多样性的发展态势，像马拉松这种参

与门槛较低的赛事受到了人们的热情追捧。但随着马拉松赛事数量的增加，参与人数的增多，以及办赛方的不专业，导致了在赛事举办过程中事故频发，赛事质量得不到保证。

（三）防控措施严格，赛事筹备难度增加

由于疫情原因，我国在赛事筹备基础上更加注重防疫工作，这无形中对赛事主办方提出了更高的要求，同时一定程度上增加了赛事举办的人力、物力成本。赛前筹备中对工作人员严格进行健康检测，赛中严格管控各个环节，确保赛事正常进行，赛后进行跟踪监控，以保证赛事的举办不会给群众、运动员以及赛事组织参与者带来安全隐患。严谨的防疫方案对于赛事的健康开展是必要的，但不可否认这增加了赛事的筹备难度。

（四）体育赛事 IP 盈利能力薄弱

知识产权，简称IP。体育赛事IP也就是赛事产权及其相关衍生产品，是体育产业的核心产品。随着移动设备的不断更新和传播媒介的升级迭代，人们对“内容”的需求也达到了前所未有的高度，体育IP渐渐成为全民热点话题。打造一个体育赛事IP，不仅要接受高投入，长回报周期的行业特性，还需要极强的资源整合能力和营销传播能力。但目前来看，效果并不尽如人意。

三、我国体育赛事的发展策略

（一）加强市场主导与政府监督的结合

取消商业性和群众性赛事审批总体上来说是进步的，能够推进体育发展和活跃程度。但政府要扮演好监管者的治理角色，后续的监管不能缺位。因此，举办体育赛事要以市场为主导，满足人们多样化的体育需求，合理分配体育赛事资源。同时政府要做好监督工作，维护赛事举办过程中的正常社会秩序。

（二）提升赛事质量

当前，人们已经不满足于单一的体育赛事，对赛事过程中的娱乐

元素有了更高的要求，这容易使人们忽略赛事的质量。不管举办什么类型的体育赛事，无论举办体育赛事的目的是什么，都不能忽视质量问题，这是对体育人的尊重，因此必须从赛事筹备规划、赛事组织运行以及赛事收尾工作等各个环节提高质量，打造高质量赛事。

（三）在鼓励政策下促进体育赛事蓬勃发展

国家大力支持体育赛事发展，是对体育赛事发展最大的保障。在当前疫情防控背景下，赛事从审批筹备到举行面临很多挑战，有关部门要为办赛主体提供良好的服务，政府应给予一定的政策支持，鼓励各类体育赛事的开展。体育部门更要建立科学完善的赛事管理体系，提高组织办赛的水平，确保体育赛事活动顺利开展。此外，多功能利用体育场馆，有效提高利用效率，这能够减少体育赛事停办期间造成的经济损失。总之，体育协会、赛事主办单位和承办单位以及合作企业等有关组织应统筹合作，用好相关有利政策，共同促进体育赛事蓬勃发展。①

（四）利用互联网技术助推体育赛事 IP 发展

对于体育赛事IP，无论是线下还是线上的活动都离不开互联网平台，互联网对于体育赛事的宣传传播具有重要的辅助作用。因此，赛事组织者应充分利用互联网平台，线上宣传赛事信息、赛事直播、线上活动等；线下组织体育赛事，从细节出发，打造金牌赛事，线上线下通力合作，打造优质赛事IP，促进体育产业发展。

（五）加强优秀运作团队的建设和专业管理人才的培养

体育赛事运作团队和赛事管理人员直接影响体育赛事的举办质量。在竞争激烈的市场经济环境中，我国体育赛事运作团队及相关管理人员的观念落后，能力不足。有时为完成赛事任务，只得临时抽调一些业余人员组成团队，这导致在赛事举办过程中不断出现一些意外状况和问题，这对体育赛事的持续、健康、科学发展是不利的。对此，我们应采取“引进来、走出去”的战略，多引进懂经营、善管理的体育

① 傅梦婷.疫情影响下中国体育赛事发展困境与升级路径分析[J].辽宁体育科技，2020，42(05)：11−15.

赛事管理人才，并组织有关人员主动“走出去”，多学多看，积累经验，取长补短，此外还要注重多培养年轻的体育赛事经营管理后备人才，从而形成一个综合素质高、专业素质突出以及实践经验丰富的赛事运作团队，为体育赛事的可持续发展保驾护航。

（六）健全与优化体育赛事运作模式与管理体系

体育赛事的运作模式和管理体系影响着赛事的效率和水平，影响体育赛事的成功举办。因此，我国应不断健全与完善体育赛事运作模式和管理体系，从而更好地适应新时代体育赛事发展的需要。在这方面，需要政府牵头、市场（企业）参与、社会支持，把这一办赛模式贯穿于赛事的各个环节。具体来说，要做好以下工作。

首先，按照“经营体育、经营赛事”的理念，积极开发竞赛市场，努力壮大竞赛产业，实现办赛收支平衡。通过加强与上级相关部门的紧密合作，优化资源配置，集中力量举办大赛、办好大赛，发挥规模效应和集约效应。

其次，在市场开发方面，注重走社会化、市场化的途径，采取“多方合作、专业分工、共同开发”的运作模式，开拓冠名、门票销售和现场广告等多种业务，从而实现“以赛养赛”的目标。此外，通过各种赛事的市场开发和摸索，与广告客户及赞助商、代理商建立良好的合作关系，为持续推动市场开发打下坚实的基础。

最后，在竞赛组织分工方面，要通过政府部门召开协调会等方式，强调各职能部门互相配合、通力合作，精简赛事组委会机构和人员，提高办事效率，保证体育赛事的顺利进行。①

（七）积极打造品牌赛事

体育赛事的竞争就是赛事品牌的竞争，没有品牌将很难生存。赛事主办方在赛事运作和推广过程中要将品牌视作生存和发展的重要部分，这样才能成功打造一场品牌赛事。品牌形象的建立和发展不是一蹴而就的，也并非只靠广告、商标和图案的烘托就能深入人心，而是要从各个方面进行全方位的立体打造。从比赛的过程、服务到社会公关、宣传，从战略层面的顶级决策到服务人员、参赛选手的言行举止

① 刘军.苏州市大型体育赛事现状调查与发展对策研究[D].苏州大学，2012.

等等各种角度，不断向社会、观众强调赛事的品牌形象，并传递品牌的价值所在。[①]

要把品牌赛事打造成知名赛事，除了在赛事品牌的推广、文化内涵的注入、比赛形式的创新等方面加以努力，也需要站在一定高度对赛事进行思考与定位。换而言之，需要立足全球，瞄准世界顶级赛事来酝酿自己的体育赛事，使之具有世界先进水平和地域特色。

（八）挖掘内涵，扩大外延，依托赛事形成节日盛会

体育赛事产业要想取得长足发展，就必须结合地方特色，促进体育赛事与文化、旅游产业相融合。政府部门要将举办赛事与城市旅游、节庆、招商引资、文化活动等紧密结合起来，充分挖掘体育赛事的内涵，扩大体育赛事的外延，提升赛事的品牌价值，促进办赛形成全城节日盛会，从而带动地方经济的发展，达到一举多得的目的，全面提升体育赛事的综合效应及影响力。

---

① 陈乐绿.上海品牌体育赛事发展现状及对策研究[D].上海体育学院，2010.

第二章 体育赛事文化的价值及对举办地的影响

伴随着竞技体育运动的快速发展，各种类型的体育赛事层出不穷，目前在竞技体育领域已逐步形成了一个相对完善的体育赛事文化体系。在当今时代背景下，体育赛事文化以其独特的价值对人类社会及各个层面都产生了深刻的影响。尤其是那些大型体育赛事对举办地的影响尤为深远。本章就重点阐述体育赛事文化的价值及其对举办地的各个层面的影响。

第一节 体育赛事文化价值的彰显

发展到现在，体育赛事文化已初步形成了一个相对完善的体系，这一体系内的内容非常丰富，同时体育赛事文化自身还具有独特的优势，对社会各个层面都产生了重要的影响。尤其是一些大型的体育赛事，不仅能使赛事举办者获得可观的经济效益，还能给赛事举办地的经济和社会发展带来长远的影响。挖掘与探寻体育赛事文化的价值对于体育赛事自身以及整个体育事业，乃至整个社会的发展都具有重要的意义。

通过深入地研究与分析，体育赛事文化的价值主要体现在以下几个方面。

一、文化传承价值

伴随着竞技体育运动的快速发展，目前竞技体育对于社会的影响力已超越了以往任何一个时代，在竞技体育高度发展的同时，大量的体育赛事也涌现出来，可以说如今体育赛事已成为一个重要的文化现象，对社会及民众都产生了重大的影响。之所以如此，这与体育赛事所隐含的文化价值是分不开的。

在体育赛事快速发展的背景下，关于体育赛事方面的研究也越来越深入，出现了不少的研究成果，人们对体育赛事文化的价值进行了更加深入的思考与剖析。体育赛事作为一种重要的文化现象具有深厚的文化价值，这一价值主要是通过体育运动会或各种表演活动的方式呈现出来，人们通过参加各种各样的体育比赛或活动能充分感受到体育赛事的魅力，正是在这样的过程中，体育赛事文化得以传承与发展。一项盛大的体育赛事会给一个城市及人们的生活带来重大的影响，这一影响是十分深远的。以北京奥运会为例，北京奥运会是我国有史以来首次举办的影响力最大的体育盛会，这一体育盛会至今对我们社会各个方面还有一定的影响，每当谈到北京奥运会，全世界人民在脑海中都会浮现那盛大的独具中国特色的开幕式，这对于我国传统文化的传承与发展形成了积极的影响。

二、文化审美价值

体育运动与美学有着一定的关系，运动员在比赛中所展示的各种动作无不呈现出运动的美。在一场体育比赛中，美是无处不在的，正是在这样的大平台下，体育的美得到了很好的展现。在体育比赛中，运动员的线条美、动作美、姿态美等都是美的选择与展示。[①]无论是运动员参加比赛，还是观众参与赛事的欣赏，都能体会和感受到运动的美，正是在这样的欣赏美的过程中，人们的审美能力得以提升，这就是体育赛事文化重要的审美价值。

① 马少龙,张皓.体育赛事的文化价值与可持续化模式研究[J].当代体育科技,2015,5(14):146-147.

三、科技创新价值

伴随着现代社会的不断发展，各种高科技手段在社会各个领域都得到了广泛的利用。在体育赛事之中也蕴含着丰富的高科技手段。如网球鹰眼技术的使用、足球VAR视频技术的使用等都具有一定的高科技含量。这些高科技手段的利用对体育赛事的发展产生了深远的影响。

如今，大量的高科技手段深入到人们生活的各个领域，给人们的生产与生活带来了诸多的影响。在体育领域，各种高科技手段也得到了非常广泛的利用。如短跑比赛中跑鞋材料的更新使跑鞋更加轻便，极大地提升了运动成绩；游泳比赛中泳衣的变革使得阻力变小，便于运动员在水中充分发挥自己的运动水平；大型体育赛事开幕式表演中，各种灯光、转播技术的利用极大地提高了赛事的科技含量；另外，体育场馆内的各种器材与设施，运动员服装的选择等也离不开高科技手段的利用，可以说在体育运动中无处不存在着高科技。正是这些高科技的存在才促使体育赛事得以高度发展，达到了前所未有的巅峰。

四、开拓进取价值

发展到现在，体育赛事对人们的影响力越来越大，各类体育赛事充斥着人们的生活，成为人们日常生活的重要话题。人们在参与体育赛事活动的过程中，不仅增强了自身素质，提高了审美水平，还极大地增强了自身的意志品质。在比赛场上，不仅考验运动员的体能素质和运动水平，还考验运动员的精神意志品质。奥林匹克所倡导的“更高、更快、更强”的精神激励着每一位运动员，促使他们不惧困难和挫折，勇往直前，朝着既定的目标而努力。这一顽强拼搏的精神深深激励着每一个人。由此可见，体育赛事彰显出显著的开拓进取的价值，对每一个人都产生了十分重要的影响。发展至今，体育赛事的影响力与日俱增，体育赛事的爱好者在参与体育赛事活动中所养成的积极进取的精神也深深感染着周围的每一个人，促使社会更加美好。这就是体育赛事开拓进取价值的集中体现。

第二节 体育赛事对举办地经济的影响

体育赛事对举办城市的影响是巨大的，这体现在社会的方方面面，其中对举办城市的经济影响最为广泛。本节重点研究与分析体育赛事对举办地经济的重要影响。

一、体育赛事经济影响的概念

体育赛事对举办城市的经济影响非常之大，这已是被大量的案例所证明了的事实。通过举办各种大型的体育赛事，举办城市的影响力逐步扩大，社会经济水平也得以提升，实际上体育赛事对赛事举办城市社会经济的影响不是短时间内就可以看出的，其影响极为深远。

关于体育赛事经济影响的概念可以分为广义与狭义两个方面。

（一）广义上的概念

广义上而言，体育赛事的经济影响是指因体育赛事的举办而形成的赛事与举办地经济领域间发生的相互作用及其结果，包括赛事对举办地经济直接和间接影响、长期和短期影响等。凡是与举办地经济相关的影响，均可以包含在内，如体育赛事的媒体价值、体育赛事对城市的营销作用等。[①]根据这一广义的概念，以奥运会为例，奥运会的经济影响主要包括市场化水平、开放度、新型工业化进程以及可持续发展等方面（图2–1）。

① 黄海燕,张林.体育赛事经济影响的机理[J].上海体育学院学报,2009,33(04):5–8.

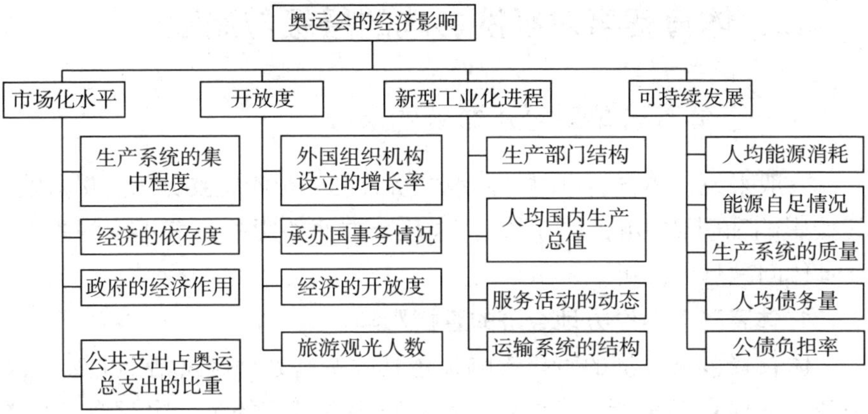

图2-1[①]

（二）狭义上的概念

狭义上而言，体育赛事的经济影响是指由于体育赛事的举办而引发的举办地基础设施投资、宾馆餐饮消费、商业贸易等需求的变化（这种需求的变化直接给赛事举办地带来了新的消费），并通过直接效应和乘数效应对举办地的产出、收入、就业水平等经济指标产生的影响。[②]从这一方面来讲，体育赛事的核心就是某一项体育赛事的举办能为举办地带来什么样的消费，能为赛事举办地带来什么样的影响和变化。[③]

调查发现，国外绝大多数的专家及学者都持有第二种观点，他们普遍认为体育赛事对举办地经济的影响主要是指由于体育赛事而引起的举办地产出、收入、就业水平、政府税收等经济指标的净变化。

综上所述，体育赛事对举办地经济的影响是非常广泛和深远的，影响到举办城市发展的方方面面，要想更加深入地了解体育赛事对举办地的影响，需要今后加强这一方面的深入研究。体育赛事经济影响的广义概念相对复杂，涉及的内容较多，操作起来也具有一定的难度。本书为了便于研究，采取了狭义意义上的概念。

① 方福前.论研究奥运经济影响的思路与方法[J].北京社会科学，2004(02):3-7.

② 黄海燕,张林.体育赛事经济影响的机理[J].上海体育学院学报,2009,33(04):5-8.

③ 龚江南.关于经济效益概念的拓展[J].学术论坛,1998(03):45-48.

二、体育赛事对经济影响的层级与流程

（一）体育赛事对经济影响的层级

一般来说，体育赛事对举办地经济方面的影响主要分为直接影响、间接影响和引致影响三个层级。这几个方面的影响有着不同的程度，要具体问题具体分析。

1. 体育赛事对举办地经济的直接影响

体育赛事对经济的直接影响是指其改变举办地经济活动的第一次消费，即体育赛事所带来的资金流入对举办城市的第一次影响，如体育赛事爱好者去某一城市参与某一项体育赛事活动时，能为当地的经济带来何种影响，能为经济发展产生促进作用还是负面作用。其中对经济的积极作用是体育赛事举办城市所希望看到的。体育赛事举办城市承办体育赛事都希望给其城市经济及各个层面的发展带来积极的影响。

2. 体育赛事对举办地经济的间接影响

体育赛事的举办还会对举办地的经济产生一定的间接影响。这一影响是指体育赛事举办地相关产业因为直接经济影响带来的外来资金投入所导致的各行各业经济活动的变化。例如，宾馆饭店从本地区的供应商处购买实物和服务后，在销售过程中产生的额外的经济增长。通常情况下，受体育赛事间接经济影响的产业主要有旅馆业、餐饮业、零售业等。在体育赛事结束后，对这些行业仍旧会产生一定的影响，可以说这一影响是比较持久的。

3. 体育赛事对举办地经济的引致影响

发展到现在，大量的体育赛事不断涌现出来，这些体育赛事的举办还会对举办地经济产生一定的引致影响。这一影响是指由体育赛事而引起的本地区居民收入增加后，居民将部分增加的收入又用于本地区经济系统中的消费，从而对本地区经济产生的影响。例如，对于一些餐饮企业而言，某餐厅员工因外地观众来观看本地的体育赛事而促使收入增加，促进当地经济水平的提升。这就是体育赛事对举办地经济的引致影响。这一影响也是普遍存在的，体育赛事组织者要充分认识到这一方面，多组织一些具有影响力的优秀的体育赛事。

总的来看，体育赛事对举办地经济的各方面的影响如图 2–2 所示。

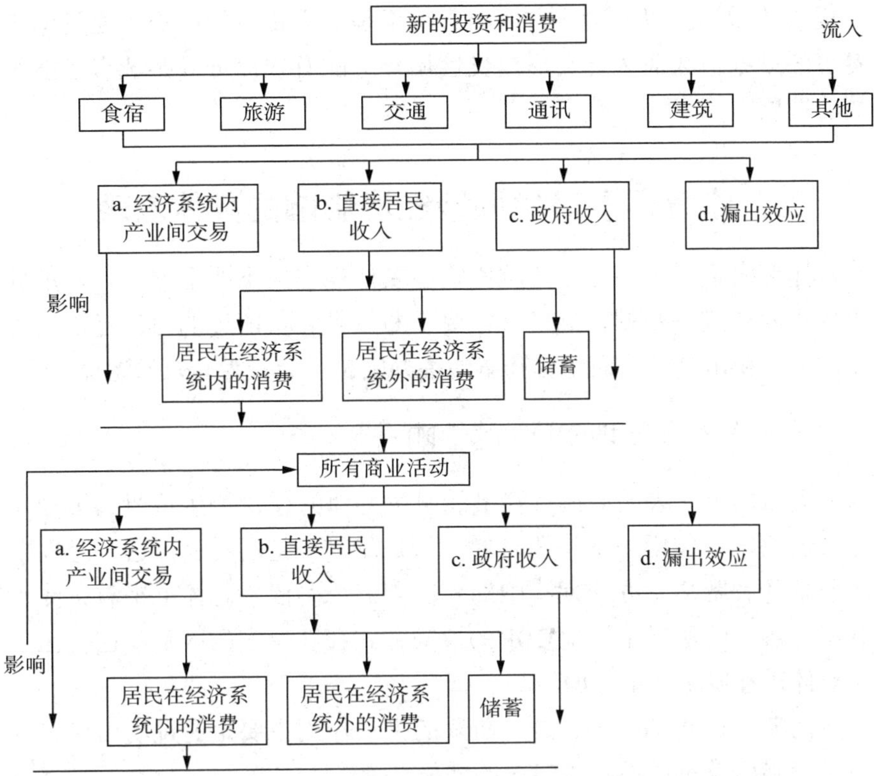

图2-2①

（二）体育赛事对经济影响的流程

大量的实践与事实表明，体育赛事对举办地经济影响的大小与其给举办地带来的新资金流入成正相关关系。可以说，体育赛事给举办地带来的新资金流入越大，其影响就越大，这是一个非常明显的事实。相反，如果体育赛事给举办地带来的新资金流入很小，那么就不会对城市的经济发展带来大的影响。

体育赛事对举办地产生经济影响的大致流程为：赛事举办地居民通过税收的形式为本地区政府提供资金，政府将其中一部分用于资助体育赛事的举办；被体育赛事吸引来的非本地区居民在本地的消费，又促进了本地区GDP的增长、居民收入的增加、就业岗位的增多以及政

① 黄海燕.体育赛事管理[M].北京：人民体育出版社，2012.

府税收的增加。以上这些方面的影响都是非常积极的影响，通过体育赛事的举办，久而久之会形成良性循环，能有效促进举办城市经济的快速发展。

三、体育赛事对举办地经济影响的具体表现

体育赛事对举办地经济的影响主要体现在以下两个方面。一个城市要想获得进一步的发展，就需要不断提升城市的影响力，打造具有影响力的城市品牌。而体育赛事的举办则是一个较为有效的途径。

（一）对举办地 GDP 的影响

大量的事实表明，体育赛事能对举办地的GDP产生重要的推动作用，这一推动作用并不是即时的，而是需要一定的过程。这一过程主要包括体育赛事举办前期、中期和后期三个阶段。总体上来看，体育赛事在各个阶段对举办地GDP的拉动方式存在一定的区别。这一区别主要体现在以下几个方面。

前期对GDP的推动：这一阶段的推动作用主要是通过场馆设施等基础设施建设拉动举办地GDP的增长。

中期对GDP的推动：这一阶段的推动作用主要是通过赛事组织者、观众及游客的消费带动举办地GDP的增长。

后期对GDP的推动：这一阶段的推动作用主要是由举办体育赛事而引起的举办地知名度和城市形象的提升所带来的旅游、投资等拉动举办地GDP的增长。

（二）对举办地居民收入水平的影响

体育赛事的举办能给举办地的经济带来十分明显的影响，这一影响突出体现在能促进当地居民收入水平的提升。这是体育赛事经济影响的一个非常重要的指标。[①]与其他几个指标一样，居民收入增加的导火索也是由于体育赛事给举办地带来的新的资金，这些新的资金通过外来人员和体育赛事组织者的消费行为流入举办地各个产业部门，带动了这些产业销售量的增长，从而增加了这些产业工作人员的工资

① 黄海燕,张林.体育赛事经济影响的机理[J].上海体育学院学报,2009,33(04):5-8.

和奖金，在这样的情况下，广大居民的收入水平得以提升（图2–3）。

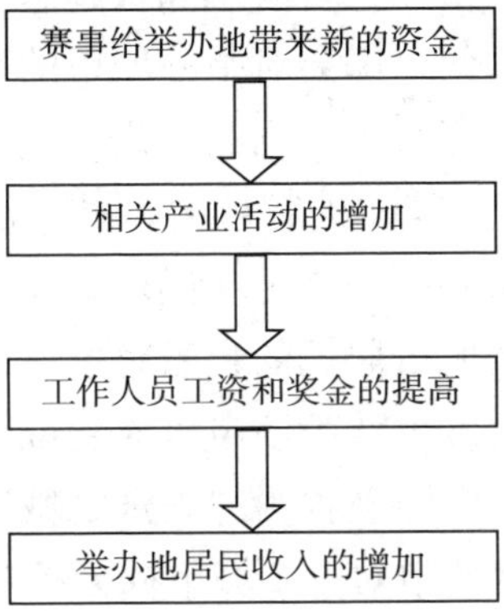

图2–3[①]

第三节　体育赛事对举办地社会的影响

体育赛事对举办地社会的影响主要体现在社会心理、价值观、社会政治等几个方面。需要注意的是，体育赛事这几个方面的影响难以量化，没有既定的标准去评定。这一影响通常被称为“无形影响”。国内外的专家学者普遍认为，这一影响的内容涉及居民的态度、文化遗产的增加、传统的保护、舒适性的丧失或增加、公众行为美感的改变等。总之，体育赛事对一个国家或一个城市社会文化的影响主要包括积极的影响和消极的影响两个方面。下面就重点分析体育赛事对举办地社会究竟产生什么样的影响。

一、体育赛事可以增强举办城市居民的自豪感

自豪感可以说是人类的一种高级情感，这一情感是指因为自己或与自己有关的集体或个人具有优秀品质或取得重大成就而产生的一种

① 黄海燕.体育赛事管理[M].北京：人民体育出版社，2012.

豪迈的情感。体育赛事举办地的居民通常会因为某一项赛事在自己的城市举办而不自觉地产生一种自豪感和优越感。实际上，不论体育赛事的规模如何、大小如何，都会对举办城市的社会文化产生一定的影响。比如，环法自行车赛对于法国而言是民族自豪感的表征，而乒乓球作为我国的“国球”，其相关赛事的举办，运动员取得优异的比赛成绩能增强国人的自信心。一个足球俱乐部在体育赛事中的出色战绩也可以很好地促进所属城市居民的自豪感。亚特兰大奥运会申办成功之后，当地居民异常骄傲地认为，申奥成功说明了他们居住的亚特兰大是一个真正的城市。曾经被称为“失败之城”的亚特兰大一跃成为“光辉之城”。这是体育赛事对一个城市社会影响的集中体现。

二、体育赛事能有效提升举办城市居民的生活质量

早在1958年，美国制度经济学派的代表人物加尔布雷斯就提出了生活质量的概念。美国经济学家萨缪尔森也在自己的著作中对生活质量有所描述。生活质量可以说是一个多层次和多维度的概念，广泛被政治学、经济学和社会学等多个学科重点关注。一般情况下，经济学家关注的重点在于消费与福利、经济增长与物质财富的聚集、资源环境与经济的可持续发展等的关系以及产业结构的调整对生活质量的影响等。从本质上看，经济学家眼中的“生活质量”是社会经济发展的程度和水平的一个综合表征。社会学家研究的生活质量则偏重于社会的结构、分层以及社会公正等，旨在描述人的正常生活状态。

发展到现在，社会上出现了大量的关于描述和评价“生活质量”的指标体系和综合指数，但应用的面还不是很广泛，这需要进一步推广与发展。目前比较普遍被接受的观点是，“生活质量”包含生活的物质层面（如生活水平、自然和社会的基础设备的充分程度等）、无形的生活层面（如良好的健康状况、娱乐和休闲机会等）。有些研究学者甚至将其内容拓展至基本的生活结构（如权利、特权以及社会生活中的决策角色等）。伴随着研究的逐步深入，必将会出现大量的具有时代性和针对性的研究成果。这对于我国体育赛事的举办与发展具有重要的影响和意义。

三、体育赛事的举办会在一定程度上对举办地居民的生活带来负面影响

各种体育赛事的举办能为举办城市人们的日常生活带来一定的便利和实惠，与此同时也会带来一定的打扰和负面影响，如交通拥挤、噪声污染、犯罪行为增加等，这也会影响体育赛事活动的正常进行。

除此之外，有些赛事的消费者非常多，在资源有限的情况下，在物价成本上升的情况下，人们的生活成本会大大提高。正因如此，体育赛事会对举办地居民产生一定的“挤出”效应。在合适的条件下，他们会以出游的方式选择“逃离”居住地，然后在其他地区完成出游计划。由此可见，体育赛事还会对举办城市的发展产生一定的负面影响，这就需要体育赛事的举办者加以重视。

第四节　体育赛事对举办地环境的影响

大量的实践与事实表明，体育赛事的举办对举办地的环境也能产生重要的影响，并且这一影响是十分深远的。

一、体育赛事对城市建设的影响

总的来看，体育赛事对城市建设的影响主要表现在以下两个方面。

（一）体育赛事的举办有利于规避城市投资风险

基础设施对于一个城市的发展而言具有非常重要的意义，因此加强城市的基础设施建设非常重要。通常来说，城市基础设施的建设水平是随着整个社会经济的发展而不断进步的。如果一个城市的基础设施投资慢于市场经济需求的增长，就会在一定程度上制约城市经济的发展，不利于城市的可持续发展。而如果城市基础设施建设超过了社

会的真实需求，就会引发各种社会问题，同样不利于城市的未来发展。而通过举办大量的体育赛事不仅可以促进城市基础设施建设，还能吸引大量的社会投资用于城市建设，从而推动城市的快速发展。

（二）体育赛事的举办有利于改善人们的生活质量

发展到现在，大型体育赛事层出不穷，这些体育赛事的举办都对举办地城市产生了重要的影响。但需要注意的是，大型体育赛事从申办到最后成功举办并不是一件容易的事情。每一个环节都是非常复杂和困难的。为保证体育赛事的顺利开展，首先举办城市就要加强自己的基础设施建设，这不论是对于城市的发展还是人们生活质量的提高无疑都是有利的。这无疑会对人们的日常生活产生重要的影响，良好的城市建设能为居民带来极大的实惠和便利，因此能有效激发该城市居民作为东道主的强烈动机。因此说，一项体育赛事的举办能有效改善人们的生活质量，促进人们生活品质的提高。

伴随着现代社会的不断发展，整个社会的服务和文化消费比重越来越大，在节假日或业余时间参加体育赛事活动或体育赛事欣赏成为人们的一种消遣，通过参加各种各样的体育赛事，人们的消费水平得以提升。可以说，体育赛事为某一个城市的发展奠定了良好的基础，具有重要的推动作用，通过参加体育赛事，人们的生活水平得以逐步提升。

二、体育赛事对环境保护的影响

为保证体育赛事活动的顺利进行，还必须要营造一个良好的城市环境。这是保证体育赛事顺利举办的重要基础和保障。在体育赛事申办之初，体育赛事的爱好者就通过各种途径了解体育赛事举办城市的环境以及各个方面的现状。在环境要素中，某些情况可能会对体育赛事的举办产生一定的冲击和影响，如人群控制、器材损耗、遗产保护等。体育赛事的组织这一定要充分考虑以上几个要素。

以规模宏大，对世界具有巨大的影响力的奥运会为例。国际奥委会对主办地的环境提出了明确的要求，主要包括以下几个方面。

第一，研究与降低奥运会对一个国家城市环境和社会的影响。

第二，降低奥运会对周围居民的不良影响。

第三，构建与保护自然生态系统。

第四，坚持环保原则，合理地利用各种新型材料。

以上国际奥委会提出的这些要求是依据当前的体育实际所提出的，对我国体育部门产生了一定的警示作用，能保证体育赛事活动的顺利开展。

第五节　体育赛事对举办地就业与旅游业的影响

体育赛事对举办城市的就业与旅游业的发展也会产生重要的影响，这已是被大量的实践证明了的事实。因此，在新的时代背景下，人们都愿意举办各种体育赛事来提升城市的影响力，促进城市经济、社会等各方面的发展。

一、对举办地就业的影响

就业率如何对于一个城市的发展而言还是非常重要的，大量的实践表明，体育赛事对举办地就业水平会产生重要的影响。对于一个城市或地区来说，体育赛事的举办能促进当地经济的快速发展也能带动就业率的不断上升，这一影响是十分明显的。

总体上来看，体育赛事对举办地的就业水平的影响分为长期影响和短期影响两个方面。就举办体育赛事活动自身而言，由于其持续的时间较短，因此，它所创造的就业岗位往往也是短期的。[①]但由于体育赛事与其他很多产业之间有着非常密切的联系，因此能在一定程度上带动这些产业的发展，在这样的情况下，大量的就业岗位会涌现出来，就业率会大大提升。

随着竞技体育事业的不断发展，关于体育赛事方面的研究也不断增多。美国一项调查研究发现，职业橄榄球和棒球联赛对这些城市的

---

① 黄海燕,张林.体育赛事经济影响的机理[J].上海体育学院学报,2009,33(04):5-8.

就业具有积极的促进作用。还有一项研究发现，美国亚特兰大奥运会产生了较大的就业效应，奥运会使美国佐治亚州各个行业的就业水平大大提升，社会稳定性也得到了有效地提高。由此可见，体育赛事的举办给一个城市的就业带来了积极影响。

总体而言，绝大部分的专家及学者都对体育赛事对城市的影响给予了充分的肯定，但也有一部分专家对体育赛事的就业效应提出了怀疑，这部分专家运用计量经济模型将体育赛事举办地与非赛事举办地就业状况进行比较分析。最终的结果表明，体育赛事对举办地的就业影响并不是十分明显。甚至还有些学者认为，体育赛事对举办地的就业具有一定的消极影响。

综上所述，诸多专家对体育赛事对举办地就业水平影响存在着不同的看法。但绝大多数专家还是认可体育赛事的积极作用的，对体育赛事对举办城市就业的影响给予了充分的肯定。我们在分析体育赛事对举办城市经济影响时，就业率是其中一个非常重要的指标。

二、对举办地旅游业的影响

发展到现在，热爱旅游的人越来越多，旅游业的发展势头非常好，而优秀的体育赛事则能吸引大量的旅游者。一般情况下，旅游者除了关注赛事举办地的自然环境外，还重点关注赛事服务人员的态度和娱乐氛围等。因此，体育赛事组织者要充分做好体育赛事旅游的营销与管理，提高自己的旅游管理水平。

大量的实践表明，体育赛事对举办城市的旅游业会产生十分重要的影响，这一影响主要体现在以下几个方面。

（一）增加旅游者数量、支出及停留时间

一般来说，优秀的体育赛事能吸引大量的旅游爱好者，从而促进当地旅游业的极大发展。大量的研究与事实表明，持续10天左右的周期性赛事往往能取得较好的效果，这种赛事能为广大的赛事爱好者提供良好的心理体验，能吸引赛事爱好者前来参加体育赛事活动。

伴随着竞技体育的高度发展，各种大型体育赛事层出不穷，这些体育赛事的时间跨度一般都比较大，在社会上具有一定的影响力。通常情况下，这类赛事具有更好的支出优势，如奥运会、亚运会、世界

杯等。而小型的体育赛事则不具备这一特点，其要想获得预期的效果需要投入一定的资金用于赛事的宣传与推广。

（二）延展旅游季节，拓展旅游市场

发展到现在，旅游爱好者越来越多，在节假日期间，大量的人们会投入旅游活动之中。旅游活动有一个明显的特点，那就是它具有一定的季节性，关于这一点，旅游活动的组织者一定要重视起来。在旅游淡季，通过体育赛事的举办，集中精力大力宣传和推广体育赛事，能在一定程度上制造较好的旅游热点，吸引大量的体育旅游者。

伴随着竞技体育运动的高度发展，大型的体育赛事也层出不穷，利用赛事来延展旅游季节已成为大势所趋，如奥运会这种流动性较大的体育赛事，主办方通常将赛事举办时间安排在当地的旅游高峰时期，反倒加剧了旅游的季节性差异。由此可见，体育赛事能给当地的旅游业带来非常明显的影响。

（三）激活静态吸引物和设施

大量的事实表明，大型体育赛事对旅游者具有天然的吸引力，这种吸引力主要体现在以下几个方面。

（1）优秀的体育赛事通常能吸引大量的体育旅游者，从而为体育赛事举办城市带来积极的影响，如促进举办地经济的发展、促进就业率的提升、促进体育旅游等第三产业的发展等。

（2）在天然吸引物和基础设施较好但使用率不足的地区，可以利用高质量的体育赛事来吸引广大的旅游爱好者。

（3）在天然吸引物良好但设施不足的地区，举办具有一定影响力的体育赛事能吸引大量的社会赞助用于城市基础设施建设，对于推动城市的各方面发展具有非常重要的作用。

总之，优秀的体育赛事的举办能为举办城市带来积极的影响，其中促进就业率的提升，促进当地旅游业的发展都具有非常重要的作用，这对于举办城市经济水平的促进也是不言而喻的。

第三章
体育赛事文化传播与赛事文化环境的建设

体育赛事文化的影响体现在多个社会领域，借助体育赛事这个平台进行文化传播，对于促进赛事举办地形象的提升、社会主流价值观的弘扬以及社会凝聚力的提升具有重要意义。大型体育赛事文化的国际化传播还有助于促进我国国际话语权的扩大和国家综合实力的提升。体育赛事文化环境是体育赛事环境因素中最深层次的一部分，加强赛事文化环境因素的建设，有助于优化体育赛事环境，为体育赛事的开展提供良好的环境支持。本章主要就体育赛事文化传播与体育赛事文化环境建设两个方面的内容展开分析，具体包括体育赛事文化传播与内涵、体育赛事文化的结构以及体育赛事文化环境建设与发展的策略等内容。

第一节 体育赛事文化传播与内涵

一、体育赛事文化的人文传播

（一）体育赛事文化对人文精神的传播

体育具有接触各级社会阶层的能力，也是窥探一个国家国民素质高低的窗口，作为大国崛起的重要符号，体育兴旺与社会稳定、经济发达、文化繁荣总是联系紧密、密不可分，所谓“国运盛则体育兴”，美国、德国和日本的成功崛起都证明了这一点。世界范围内重大体育赛事传达的是一个社会的实体和文化表现，同时能加快现代人文精神培育，该人文精神应该是一种普遍人类自我关怀，表现为对人尊严、价值、命运及其权利的维护、追求和关切，对人类遗留下来各种精神文化现象高度珍视，对一种全面发展理想人格的肯定和塑造。各主办国在申办与承办过程中通过一系列主题活动、开闭幕式主题展示、民族印记璀璨文化的展示以及口号的昭示与寓意都是人类文化的宝贵遗产与美好祝愿。南京青奥会成为展示中华文化的独特舞台，在青奥会庆典仪式、文化交流互动与城市文化体验等环节中，中国传统文化、民族特色文化与地方民间文化都得到了多方位、立体化精彩呈现，文化小屋内书法演示、剪纸、京剧脸谱与青花瓷等让各国代表团人员流连忘返，互动体验区内秦淮灯彩、国画、汉服与投壶游戏等让各国选手、教练和代表团人员赞不绝口。另外，中国传统文化表演中的二胡、唢呐、琵琶、太极、剑术等也掀起了一个个高潮，给各国选手与代表人员留下了深刻而美好的印象。[①]

（二）体育赛事文化传播人文精神的途径

1. 运动员的展示与传播

运动精英们作为现代图腾，不仅承载了自身生命与使命话语，还背负着特定社会、文化乃至历史时期的精神气质，他们是集体欢腾的主要角色与来源。运动员在赛场上拼搏进取，奋勇争先，勇于战胜困难与自我，同时不忘体现谦虚、内敛、友好、善良的品质，他们的精神鼓舞和感染着每一位受众，特别是青少年。身为公众人物，他们日常生活中的一言一行，甚至穿衣打扮、所用物品都被关注和模仿，每一举动都可能催生巨大化学反应，尤其在大众传媒时代集满聚光灯的运动场内，所以说国家、相关管理部门以及媒介对运动员形象塑造应通过举国体制进行规范和强化。每一体育爱好者心目中都可能有自己认为最出色、最欣赏的运动员，他们可以成为楷模传递正能量，虽然人数不多，但其影响力不容小觑，社会心理学家谢盖尔·莫斯科维奇所提出的小众影响理论认为，哪怕是小众人群，只要坚持下去，变化

① 钱宗梅，唐智明.大型体育赛事的人文传播与政治意涵[J].文学教育(上)，2017(09)：128-130.

也会发生。①

2. 观众的展示与传播

大型体育赛事前后持续周期长，俯拾可见的国民行为是主办国国民素养、人文精神的展现，另外对于我国社会环境及民众各方面规范发展与规范行为素养也有积极作用。公民素质是衡量一个国家整体素质的指标之一,一个国家公民整体素质如何，是这个国家能否具有吸引力的重要方面，可以说，公民素质是软实力的深厚基础。公民是一个国家参与竞技运动的最基础构成。很多观众只给自己支持的运动队或选手加油，不懂观赛礼仪、乱扔杂物、脏话满天，甚至打架斗殴，这些都是有损国家形象的。对于当前世界来说，任何一个民族要想实现民族繁荣富强，都有一个重要前提，这就是它的民族成员必须要有强烈的公民意识，这种公民意识是民族责任感的来源，是民族认同感和民族归属感的重要保障。因此，公民教育应该成为我们建构民族精神培育体系的另一个生长点，只有重视公民教育，加强公民教育，培养全体公民意识，树立现代品格，才能保证中华民族精神培育收到实效。②

3. 民族传统与特色展示及传播

中国缺乏拥有知识产权的自我品牌赛事，目前国内举办的品牌赛事基本都是从国外引进、嫁接的高端赛事，这些赛事不但运营成本极高，而且每年要缴纳高额的知识产权费用。中国着力培养的如国际马拉松赛（北京）、厦门国际马拉松赛、中国网球公开赛（北京）、“七星杯”国际越野挑战赛（浙江）、环青海湖国际自行车赛（青海）、国际F1赛事（上海站）等品牌赛事虽在一定程度上展示了城市和国家新形象，丰富提升了城市品位和文化内涵，但与国际成熟体育赛事相比，中国品牌赛事的价值、规模、影响力均十分薄弱。众所周知，美国体育竞赛表演市场持续火爆、经久不衰，与多年来美国精心打造出像NBA、棒球、橄榄球、冰球四大职业联盟赛事和美国大学生联赛等一系列能为美国公众提供国际一流水平精品赛事有密切关系。另外，韩国跆拳道、巴西柔术、印度瑜伽、日本柔道、欧美健身操等早已遍及全球，这些项目在中国参与人群众多，遗憾的是，这反而彰显了我国

---

① 钱宗梅，唐智明.大型体育赛事的人文传播与政治意涵[J].文学教育(上)，2017(09)：128-130.

② 钱宗梅，唐智明.大型体育赛事的人文传播与政治意涵[J].文学教育(上)，2017(09)：128-130.

民族特色体育文化受到冷落，甚至被束之高阁，如太极养生文化、少林武术文化、闽南舞狮文化、岭南龙舟文化、吴桥杂技文化等。在世界太极日，国外街头老外成群结队练习太极气功功夫，而我国大街小巷广场上则显得冷冷清清，有学者认为，当前国外对太极拳等研究已经超过了国内。中国应当不断挖掘与增强国内特色传统体育项目的文化感召力，同时扩大传播，吸引更多人参与并习练，尽可能地在各地各级学校推广学习。①

4. 主流价值观的传播与弘扬

文化是民族血脉，是人民的精神家园。随着中国现代化和国际化步伐越来越快，人们在物质生活得到巨大改善和满足的同时，感受到了这个时代给我们太多竞争压力和精神负担，肉体疲乏和精神荒凉势必会给社会伦序带来诸多问题，社会主义和谐社会应该是民主法治、公平正义、诚信友爱、安定有序、充满活力、人与自然和谐相处的社会，在国家越是要向外拓展软实力时越是要重视挖掘自身凝聚力。所以，和谐社会的建立离不开主流价值观生发、弘扬与坚守，我们需要这样的主流价值观：理性、诚信、正义、公平、科学、教养、创新和竞争，并力争使它们成为大多人根深蒂固、发自内心的东西。主流价值观可以在大型体育赛事大事件中开闭幕式、主题片、主题活动与体验、口号、吉祥物与纪念品设计等一系列安排中渗入、体现并宣扬。②

二、体育赛事文化的国际传播

世界各地每年举办的体育赛事非常多，其中不乏一些国际性大型体育赛事。各种类型、不同规模与级别、形式各样的体育赛事的频繁举办为体育赛事文化的国际传播与交流提供了便利和机遇。借助这个平台，各国不仅可以向其他国家展示本国的文化魅力，还能提升体育运动员和体育爱好者的参赛与观赛热情，丰富赛事举办过程中消费者的情感体验，从而提高体育赛事成绩，推动体育赛事文化产业发展。

举办大型体育赛事可以使各国的交流与沟通从体育赛事文化拓展到体育文化，进而拓展到更加宏观的文化领域。这对于世界体育文化

① 钱宗梅，唐智明.大型体育赛事的人文传播与政治意涵[J].文学教育(上)，2017(09)：128-130.

② 钱宗梅，唐智明.大型体育赛事的人文传播与政治意涵[J].文学教育(上)，2017(09)：128-130.

的繁荣发展、各国体育文化的传播以及各国之间的体育文化融合具有重要意义。

从互动理论的角度来看，运动赛场上运动员与现场观众之间的互动也是体育赛事中文化交流的一部分，不仅如此，不同观众之间的沟通与交流也是其中一部分。来自世界各地的体育爱好者在同一个城市、同一个比赛现场为自己喜欢的运动队或运动员加油呐喊、鼓励助威，随着比赛形势和结果的变化，观众或激动喜悦，或失落伤心，总之大家都是热血沸腾，和赛场上努力拼搏的运动员共同营造了紧张激烈的比赛氛围。不管是场上的运动员还是场下的观众，在这样的氛围下都会产生强烈的、积极向上的体育赛事文化感受，而且也会对激人奋进的体育精神有更深刻的体会。

现在，体育赛事产业的发展如火如荼，前景一片良好，基于丰富的体育赛事文化而形成与发展起来的体育赛事文化产业在发展中要兼顾经济效益与社会效益，要加强对先进赛事文化的传播及对体育精神的弘扬，这样才能进一步丰富体育赛事文化，使体育赛事文化的生命力更顽强，使现代体育的生存能力更强大，在体育赛事文化的国际传播中融汇奥林匹克精神，将有助于良好传播效果的实现，对促进世界体育赛事文化大放异彩具有重要意义。

三、体育赛事文化内涵

作为一项特殊的社会文化活动，体育赛事中所蕴含的文化内涵十分丰富。体育赛事文化的形成与发展和体育赛事本身具有顽强的生命力具有很大的关系。文化内涵本身会随着时代的发展与人类文明的进步而呈现出丰富化、细致化、复杂化的发展趋势。随着体育赛事及其内容的不断发展，体育赛事文化内涵也有了相应的变化，不断有新的内涵元素融入其中，已有的内涵元素又会孕育出新的元素，从而使体育赛事文化内涵越来越丰富、深刻，且较之前有了一定的升华。随着体育赛事文化内涵的不断拓展，要求在体育赛事的举办过程中不仅要合理调配物质、人力、财力、制度等资源，还要对赛事参与主体的内心体验及其参与价值的实现给予高度重视。

总体来说，在体育赛事举办过程中所创造的物质财富与精神财富的总和就是所谓的体育赛事文化。我们可以从物质、制度、精神、产业等四个方面来理解体育赛事文化内涵；也可以从肢体、项目以及衍生文化三个方面理解体育赛事文化内涵，见表3–1。

表3–1　体育赛事文化内涵[①]

<table>
<tr><th colspan="3">体育赛事文化内涵</th></tr>
<tr><td rowspan="4">物质、制度、精神、产业四方面</td><td>体育赛事物质文化</td><td>体育比赛场地
体育比赛器材
体育比赛服装
体育比赛用品等</td></tr>
<tr><td>体育赛事制度文化</td><td>体育比赛规则
体育赛事组织章程
体育赛场管理制度
参赛者行为规范等</td></tr>
<tr><td>体育赛事精神文化</td><td>参赛意识、观念
团结协作
公平竞争
体育赛事中的情感、道德等</td></tr>
<tr><td>体育赛事产业文化</td><td>体育赛事组织实施过程中的经济活动</td></tr>
<tr><td rowspan="3">肢体、项目以及衍生文化三方面</td><td>肢体文化</td><td>运动技术</td></tr>
<tr><td>项目文化</td><td>球类项目文化
田径项目文化
游泳项目文化
体操项目文化
形体项目文化等</td></tr>
<tr><td>衍生文化</td><td>体育赛事建筑文化
体育赛事服饰文化
体育赛事歌曲文化
体育赛事影视文化
体育赛事摄影文化
体育赛事藏品文化等</td></tr>
</table>

① 张鲲，石娟，王栋.体育竞赛与赛事文化的关系研究[J].福建体育科技，2012，31(01)：1–3+19.

第二节　体育赛事文化的结构

体育赛事文化是一种集道德、礼仪、审美、情感以及创新于一体的特殊文化。在时代不断进步与社会文明高度发展的今天，竞技体育具有非常突出的社会文化价值，体育赛事文化快速发展，相关产业拥有巨大的发展潜力。目前，体育赛事文化呈现出来的新的发展态势具体表现为体育赛事文化体系的构建与不断完善，明确体育赛事文化的结构要素，构建与完善体育赛事文化体系是推动体育赛事文化全面发展的一个关键。

刘瑜在《体育赛事文化经营的研究》一文中将体育赛事文化的结构分为思想文化层、方式文化层和器物文化层三个层面，体育赛事文化的结构如图3–1所示。

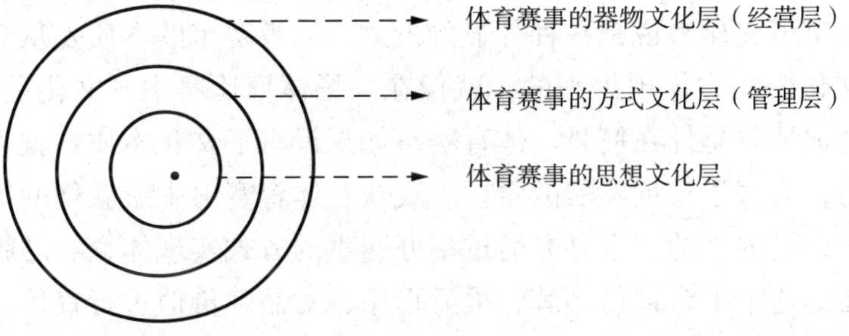

图3–1

从上图中可以看出，体育赛事的思想文化在整个文化体系中居于核心地位，属于核心文化层，体育赛事方式文化是中间层，体育赛事器物文化在最外层。这三类体育赛事文化中，最外层的体育赛事器物文化属于硬文化，反映的是体育赛事的硬实力，中间层的体育赛事方式文化和核心层的体育赛事思想文化属于软文化，反映的是体育赛事的软实力。软文化是体育赛事文化体系的灵魂，硬文化是体育赛事文化体系的基础。这三个文化层密切联系，相辅相成，既相对独立，又不可分割。下面简单分析三者的关系。

体育赛事器物文化的最终走向是由体育赛事思想文化和方式文化决定的，思想和方式文化是器物文化的灵魂。而思想文化和方式文化又通过器物文化表现出来，器物文化是有形的表现载体。体育赛事方式文化是关于体育赛事管理的一些具体操作，其反映了体育赛事思想文化层的理念，体育赛事的思想理念更直观地从体育赛事器物层体现出来。

一、体育赛事的思想文化

作为体育运动的重要组成部分，体育赛事是一项特殊的社会文化活动，它充分彰显了人类的体力与智力水平。体育赛事文化发展有不同的层次之分，但最高层次最终还是落在体育赛事活动本身上。

体育赛事文化的核心思想是以人为本。坚持这一理念，可以对体育赛事中出现的一些偏离、“异化”现象予以纠正与弥补，改变体育赛事举办中存在的因对物质利益过度追求而违背体育精神和体育规则的行为。以人为本是组织实施体育赛事的重要理念，将这一理念融入整个赛事过程中，对于体育赛事的持续健康发展具有重要意义。体育赛事对于赛事文化来说是一种外显的形式，体育赛事的本质是从其所蕴含的文化内涵中体现出来的。就像在一场体育比赛中，文化是灵魂，而比赛成绩只是外在筋骨。体育赛事如果没有了文化本质，就失去了生命力，失去了长远发展的希望。观众在体育赛事中所获得的体验是无形的，是内在的，主办方通过举办赛事的方式实现体育与品牌的互动，借助这个平台宣传品牌，提升形象，对品牌价值进行宣传，这也是一个体验的过程。所以对于体育赛事的观众来说，不仅可能欣赏视觉盛宴，还能愉悦心理，获得多元的深刻的体验，对体育赛事中的人文思想和体育精神有更深刻的认识与体会。

体育赛事“以人为本”的理念要求在体育赛事组织实施的整个过程中重视人的发展与教育，只有将人放在首位，做好教育、培养工作，促进人的发展，才能推动体育赛事乃至宏观体育事业的可持续发展。人的发展是体育赛事发展的根基，只有打下牢固的根基，体育赛事才能屹立不倒，才能长远发展下去，而且体育赛事中的一些异化与偏差行为也会得到预防与遏制，这样体育赛事的经济价值、社会价值、文化价值才能更好地实现。

二、体育赛事的器物文化（经营）

体育赛事的器物层文化主要是体育赛事经营。随着经济和体育产业的不断发展，逐步形成了体育赛事文化经营模式，这种经济形态的出现是必然的。体育赛事文化经营同时包含体育产品生产与消费两个过程，生产和消费是同时发生的，这是体育赛事和其他商品相比的一个最大不同点。体育赛事结果的不确定性也是它的一个主要特点，这个特点使得体育赛事文化经营面临较大的风险。为了避免发生风险或者尽可能将风险造成的损失降到最低，就要在体育赛事经营中树立将无形赛事产品有形化的思想理念，为消费者提供他们能够真真实实感受到的产品，这样能够对消费者的满意度有更直观的了解。例如，当比赛成绩令人满意时，赛事营销目标容易实现，如果赛事成绩不好，观众满意度低，就要从其他方面来弥补观众的体验落差，如门票打折，赠送音频或小礼品等，可见在体育赛事营销中不能将文化经营忽视。

（一）体育赛事文化营销

有关单位举办体育赛事，开展赛事营销，要先对消费者的需求有所了解，然后尽可能使体育赛事最大化地满足消费者的合理需求。体育赛事文化营销有一个基本的策略与模式，即主营业务是职业体育俱乐部，俱乐部的体育赛事应具有观赏性，满足媒体与观众之需，同时还要兼顾信息产品的开发，如运动员个人资料、赛事日程安排、赛事幕后逸闻趣事、赛事结果等。

实现体育赛事文化营销目标，不仅要把目光集中在观众和消费者身上，还要对体育组织、俱乐部、媒体和赞助企业的需求予以考虑，也就是说要兼顾多个客户关系，所以在体育赛事文化营销活动中要树立关系营销理念。这一理念指出，企业不仅要实现预期的经营目标，还要在这一基础上重视与顾客及合作伙伴关系的维持，要使关系更加和谐、牢固，这样就能通过营销获得长期的经济效益了。在这一理念下，从事体育赛事文化营销要允许赛事经营者、消费者、媒体单位和相关企业长期共存，促进相关利益者和谐共处。有关学者将体育赛事文化营销中实施关系营销的原则总结为以下几条。

（1）互相坦诚，遵守信用。

（2）尊重对方，和谐共处。

（3）知己知彼。

（4）明确目标，建立良好合作关系。

（5）合作中互惠互利。

（6）平等沟通与交流，共同解决问题。

（7）努力维持最佳合作状态。

（8）长远考虑，长期延续合作关系。

（9）共同决策，共同拟定合作事项。

体育赛场上激烈的对抗、高超的技术以及充满悬念的结果是体育赛事观赏价值的体现，也是给观众呈现赛事产品的重要元素，观众从中可获得价值，但为了更多价值的获取，还要注重赛事中的互动体验。让观众与自己喜爱的运动队或运动员互动，设计有趣的互动环节，可以提高观众对喜爱对象的忠诚度，并进一步刺激其在体育赛事中的消费。

经济是体育发展的基础保障，经济发展水平越高，体育就发展得越好，体育产业的发展就越有牢固的基础。体育比赛产业就是随着经济发展到一定水平而产生与发展起来。在经济发展良好的社会环境下，人们在体育消费上会投入更多的时间与资金。现在，传统的广告宣传形式和营销模式所发挥的作用已经大不如前，这也是体育营销逐渐发展起来的一个社会背景。在经济发展到一定阶段，各种各样的广告刺激着消费者，但现代消费者不再像以前那样容易被普通的广告而吸引了，他们的注意力从传统广告形式转移到了新媒体宣传渠道上，传统广告宣传方式在新媒体宣传渠道的冲击下形势不容乐观。已经不满足于传统广告宣传的消费者需要有像体育赛事这样的产品来激发他们的消费欲，而事实证明，确实有大量的人尤其是体育爱好者将消费方向转移到了体育赛事上。一场大型体育赛事所吸引的观众多达几百万、几千万甚至几亿人。可见，作为时代发展和经济发展的必然产物，体育营销尤其是体育赛事营销的市场极其广阔。

体育赛事经营具有很大的影响力，赛事品牌经营的影响力更是不可估量，而且这种影响力正在慢慢延伸到其他产品上，特许经营就是其中非常重要的方式之一。大型体育赛事经营组织者所收取的特许费用是不小的数额，在体育赛事举办中通过冠名、赞助等方式进行品牌推广的现象非常普遍。此外一些企业还会给其他组织授权，使其对自己的品牌标识和名称予以使用，这样一来，体育赛事指定特许标志在体育器材、体育服装、体育出版物、体育游戏、体育礼品和纪念品等有形产品上都能找到。对特许双方来说，特许经营无疑是实现双赢的好办法，这种经营方式也能够使赛事品牌的影响力进一步扩大，使消费者的忠诚度进一步提升。

在经济发展水平日益提高和体育文化繁荣发展的今天，越来越多的企业垂涎于体育赛事中的商机及财富，对体育赛事文化营销的重要性有了清晰的认识，也对借助体育品牌赛事这一载体来发展企业有了更长远的计划，这是他们在体育产业领域积极投资的重要动力，即向国内外宣传自己的品牌，获得更多的经济收益和社会收益。现在，大众认同体育赛事文化营销是一个非常好的市场推广策略，就像认同明星广告效应一样。体育赛事文化营销作为品牌推广的重要手段有其自身独特的优势所在，这个优势对企业厂商的吸引力很强，体育赛事的现有观众和潜在观众数量惊人，庞大的体育人口是体育赛事文化市场的根基，也是体育赛事营销吸引企业赞助的原因所在。

（二）体育赛事文化效益

作为体育文化传播与传承的重要手段与载体，体育赛事中蕴含与渗透的文化非常丰富且深刻，通过其内在文化能够对体育赛事的品位、级别及水平进行判断。深度挖掘体育赛事的文化内涵，将体育赛事文化的价值、品牌影响力真正展现出来，对于促进赛事举办地知名度的提升具有举足轻重的作用。而随着举办地知名度的提升，该地的体育赛事的文化魅力也会被更多的人感受到，并吸引更多的观众前往体验。很多城市因成功举办了一些知名体育赛事而提升了城市形象与文化魅力，地方经济也因此而快速稳定发展，这为体育竞赛表演业的持续发展奠定了良好的经济基础与文化基础。

当前，每年举办的世界性大型体育赛事非常多，而且发达国家举办的这类赛事明显要比非发达国家多，对于发达国家来说，体育赛事是其发展经济的重要方面，对于非发达国家来说，举办国际体育赛事是非常难得的重要机遇，抓住这个机遇对于提高国家的经济发展水平具有重要价值。大型国际体育赛事的举办对举办地来说带来的机遇不仅仅是在经济方面，而是体现在各个方面，大型体育赛事背后的商机无限，带来的机遇也是无限的，正因为认清了这一现实，很多国家都争相举办大型体育赛事，而事实证明，一些国家或城市通过举办重大国际性体育赛事后，国家或城市形象确实得到了有效的提升，国家或城市经济发展也确实有了显著的进步。

对于一所城市来说，能否长期保持可持续发展，要看城市形象是否良好，这既是基础，也是重要保证。而通过对大型体育赛事的举办，可以使城市的内外形象及影响力都得到良好的提升，对内可以促进城市凝聚力、规范力、自豪感的提升，对外可促进城市感召力、吸引力、影响力、回味力的提升。另外，赛事主办单位还会邀请体育明星出席一些相关环节的活动，利用明星效应来增加门票收入、吸引广告商和观众，从而获得更多的经济收益。

对于我国现阶段来说，体育赛事市场是体育产业的一个重要组成部分，我国深化体育改革是目前我国体育竞赛表演步入市场的一项重要措施，是推动赛事文化产业快速发展的契机，赛事文化产业的发展为进一步满足居民日益增长的文化生活需求，优化体育消费结构，引领健康消费行为创造了条件。

文化对体育赛事的渗透是综合的、全方位的，它贯穿于体育赛事的各个环节之中。体育赛事又是文化传承和开发的有效载体。体育赛事促进了文化的经济效益和社会效益的提高。文化与体育赛事交融有助于人们形成科学的发展观，让人们正确认识体育赛事中经济与文化的相互关系，促进体育赛事的可持续发展。体育赛事在获得了经济收入的同时传承了文明，提升了文化的价值，实现了文化在经济和社会方面的双重效益。法国经济学家弗朗索瓦·佩鲁在《新发展论》曾这样描述，“企图把共同的经济目标同它们的文化环境分开，最终会以失败告终，尽管有最为巧妙的智力技艺。如果离开了它的文化基础，任何一个经济概念都不能得到彻底的深入思考”。[①]我国体育赛事的广泛开展，正是基于人们对体育运动的社会实践所产生的强烈的社会向心力，从而形成了支撑和推动体育产业发展的坚实的社会基础。

三、体育赛事的方式文化（管理）

文化对体育赛事的渗透是综合的、全方位的，体育赛事又是文化传承和开发的有效载体。举办好体育赛事离不开三个方面的条件，首要的条件是要有文化传承的开幕式，其次是需要竞赛文化，最后需要

① 刘瑜.体育赛事文化经营的研究[D].吉林体育学院，2010.

媒体及社会各方的评价，这仅仅是以往国际社会举办大型赛事的一些经验。体育赛事文化产业的运行管理机制包括很多。奥运会作为现代世界人民的体育文化节，作为现代国际科技、生活、文化产品规模最大、最吸引人注目的展示平台，能够创造巨大的经济价值。从奥运会主办国获得效益的主体看，其经济效益可分为组委会经济效益和主办国经济效益两类。

体育赛事文化产业管理的目的是创造精彩的体育赛事，同时为体育赛事消费者提供质量优良的体育赛事产品及服务。体育赛事产业和市场不断发展，体育经费也逐渐从市场获取，确立和保证体育赛事多渠道、多层次、多形式的产业化筹资机制。下面着重探讨体育赛事经营文化的诚信与创意。[①]

（一）体育赛事经营文化的诚信

诚信是人类道德规范的基本要求，是人类文明进步的基石和标志。公平是竞技运动的基础，而公平有赖于参赛者的诚实。现代社会中诚信丧失越来越严重，而且体育赛事中同样存在很多失信之事。体育赛事文化在公众眼中具有特别广泛的社会影响力，它不仅代表着一个国家的形象，还代表了一个民族的形象，因此这对诚信就有了更高的要求。

诚信需要树立好的形象来支持，需要品牌来打响知名度。建立好自己的品牌效应，给观众呈现精彩的赛事，要以诚信经营自己的产品，观众才会为赛事消费。假球、黑哨、假摔等丧失文化内涵的“异化”现象阻碍了体育赛事发展。因此，诚信应该是体育赛事文化经营管理需要解决的首要问题。这就需要体育仲裁部门强制实施法律制裁。当然运用法律力量仅仅是惩处了一些表面现象，而真正重要的是需要从内在进行深层净化，也就是需要运用文化的力量来从内向外对体育赛事进行彻底洗礼，以还给观众和世界一个“更干净、更人性、更团结”的体育世界。

（二）体育赛事经营文化的创意

体育赛事经营文化的创意产业将以人为本作为其核心理念，将有助于提高人的文化素质，增强人的创造力，进一步实现人的全面发展。

---

① 刘瑜.体育赛事文化经营的研究[D].吉林体育学院，2010.

“以人为本”的创意产业让有创造力的人发挥其才能去创造财富。反过来，有了“以人为本”的创意产业以后，接受这个产品的人感受到其中所蕴含的文化思想，在潜移默化中提高自身的文化素质，使顾客在观看比赛获得更多“附加值”。运动员拥有精湛的技术、拼搏的精神，他们能最大限度地挖掘自身的潜力，向自身体能、生命的极限挑战，使亿万观众得到了美的欣赏与文化的熏陶。

文化的竞争是体现当今国际社会综合国力的重要标志。随着经济文化的发展，体育赛事文化将成为全世界经济和社会发展战略的重要组成部分。现今的体育赛事已成为吸引赞助、引进资金的重头戏，而由于我国的体育赛事文化产业起步较晚，大部分体育赛事局限性太强，思路狭隘，有些甚至根本没有注意到体育作为一种文化所具有的独特的精神经济和知识经济价值，从而忽略了对体育赛事文化的开发，导致赛事发展缓慢。

体育赛事文化创意是知识密集型的新兴产业，是创意中以文化资源为主的，从事文化商品生产的那部分，也是文化产业中创意要素起核心或主导作用的部分，是文化和创意的交集。在赛事文化中如何对体育明星进行包装进而吸引观众，使观众获得更多“附加值”，在观看比赛中获得快乐，使运动员在比赛中创造神话；如何包装观众烘托出赛场气氛将其卖给企业；又如何包装赛事对赛事进行炒作将其卖给媒体，这些都是值得思考的体育赛事文化创意问题，[①]如图3–2所示。

文化创意产业处于产业链、价值链的高端，是跨越多个行业、渗透诸多领域的产业，因此要努力通过体育赛事文化创意而实现创收。

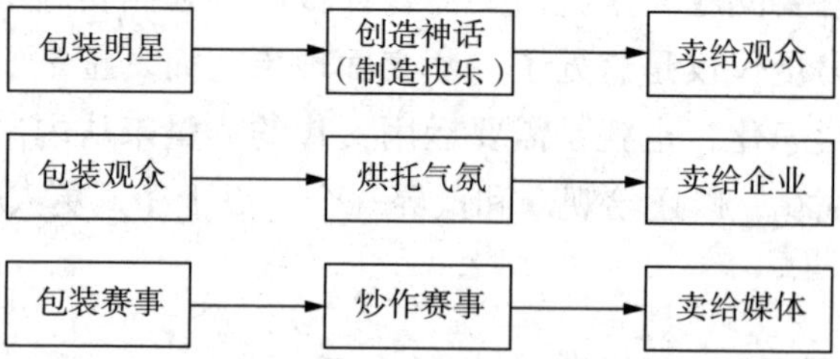

图3–2[②]

① 刘瑜.体育赛事文化经营的研究[D].吉林体育学院，2010.

② 刘瑜.体育赛事文化经营的研究[D].吉林体育学院，2010.

第三节　体育赛事文化环境建设与发展的策略

一、体育赛事文化环境指标体系构建分析

有关学者结合体育赛事的特征，将体育赛事文化环境指标确立为以下几项。

（一）风俗习惯

风俗习惯是指某一地区内历代人们所共同遵守的行为模式或规范，主要包括节日习俗、传统礼仪等。在体育赛事方面，主要体现在与体育相关的民族传统活动上。不同民族的生活习惯、信仰、价值观可能不同，在此基础上形成的民族传统体育活动也各有特色，这些体育活动的举办情况在一定程度上可以反映出人们对体育的喜好程度，体育赛事举办次数越多，体育赛事开展的群众基础就越坚实，举办就越顺利。

（二）价值观念

价值观念表现为一个人的价值取向、价值追求，它是人们判断事物有无价值及价值大小的标准。人们接触任何事物，都会下意识运用与之相近的或已有的价值观念对其进行评价，然后做出相应的反应。体育活动也是如此，人们在体育方面的价值观念反映了人们对体育的喜好、重视程度，这是体育赛事被人们认可的最基本条件。[①]

（三）劳动力文化水平

劳动力是生产力诸要素中最积极、最活跃的因素，劳动力素质的高低、强弱能够综合反映出一个国家或地区各方面的发展水平。体育赛事业的劳动力包括运动员、教练员、裁判员、赛事管理者等。体育

① 项蔓，覃湘庸.区域体育赛事社会文化环境指标体系构建[M].杭州：浙江大学出版社，2017.

赛事的竞争性不仅表现在运动员在比赛中的对抗，还表现在整个团队的付出与努力上。每一位优秀运动员成功的背后都有一个默默付出的优秀团队，他们用自己的智慧创造先进训练设备，研究新技术动作，设计科学训练方法，对饮食起居进行特殊安排，这些都是运动员在场上充分发挥竞技能力的重要保障。此外，体育赛事的竞争性也表现在新闻媒体、配套服务等方面，因此这些行业劳动力的水平也是构建体育赛事文化环境指标的重要体系。

（四）社会风气

社会风气是指在某种社会意识的驱动及引导下表现出的一种普遍流行的社会行为，它是社会意识的表现和外化。体育赛事具有外部性，它能将城市的社会风气放大，如果城市中存在不良风气，体育赛事就很容易成为导火索。好的社会风气有助于体育赛事的举办，不良社会风气则会阻碍赛事的顺利开展。

（五）心理素质

心理素质是人们在生产生活中表现出来的稳定的心理品质。体育赛事具有规范性，它要求每个程序、步骤都要规范，它的举办需要运动员、教练员、裁判员及幕后很多优秀工作人员的参与，这些人员要有良好的心理素质才能完成自己的使命和任务，良好心理素质是举办体育赛事的必备条件。

（六）信任

信任是指在社会生活过程中，经过人们的长期协作，所形成的一种对合作伙伴承担义务的期望与信心。体育赛事的举办关系到多方面的利益，如运动员、教练员、赞助商、媒体、主办方、观众等，各方面要实现自己的利益，都需要与其他方面展开交易，所以有大量的交易行为出现于整个赛事举办期间。在体育赛事的商业化发展中，市场经济下的信任为赛事的商业化运作提供了良好的环境，如果没有信任，就不会有交易，也就无法顺利开展体育赛事。

（七）协作

协作是指在某一生产活动中，人们根据自己的需求，相互配合，共同努力去完成某一事物。协作和信任互为基础、互相促进。体育竞赛是需要多方面共同参与完成的一项复杂社会活动，单纯依靠单方面的力量无法顺利开展比赛，只有各方面团结协作，相互信任，才能通过共同努力实现共赢。

二、推动体育赛事文化环境建设与发展的多元策略

（一）鼓励赛事举办，重视赛事质量

体育赛事是一项特殊的社会活动，这个活动系统庞大又复杂，举办这项活动和很多领域都有关系，所以体育赛事尤其是大型赛事的举办对举办地来说无疑是巨大的考验。定期对体育赛事进行举办具有重要意义，对举办单位来说，可以积累经验，提高办赛水平；对涉及的产业来说，可以建立良好合作关系，借助赛事平台促进产业发展；对举办地来说，可以提升城市形象与知名度；对观众来说，可以满足观赛需求，满足精神需求，可以将大众参与体育锻炼的积极性调动起来，营造良好的全民健身氛围。总之，定期举办体育赛事意义重大，同时体育赛事的质量也是需要特别重视的。

1. 鼓励社会组织办赛

有关部门应将社会组织举办体育赛事的门槛与限制条件适当放松，对举办体育活动的社会组织予以鼓励与支持，通过举办体育赛事来实现预期的经济目标与社会目标。社会组织举办体育赛事如果可以得到企业的赞助将会举办得更加顺利，能解决办赛的资金问题，有关部门应鼓励企业对社会体育活动的赞助，这不仅能够调动社会人士的参与热情，形成健康向上的风气，还能为赞助企业带来积极影响，提高企业知名度，给企业带来更多的经济收益。对于在举办体育赛事方面有突出贡献的社会组织或企业单位，政府部门应给予奖励。

2. 重视赛事质量

并不是所有的体育赛事都能实现预期的经济效益目标和社会效益目标，这与体育赛事的质量有关。如果质量差，就会给社会带来很大的负面效应，造成严重的后果。所以，举办体育赛事要考虑社会评价，如果社会评价好，则给予鼓励、支持、表彰，如果社会反响差，如在赛事举办过程中出现破坏环境、噪声污染、导致交通阻塞等不良现象，

就要及时停止，加强整改，重新举办。只有奖励和惩罚两种手段结合起来，才能促进体育赛事的健康有序发展。

（二）政府提供大力支持

我国体育产业的发展相对于西方发达国家还比较滞后，相关政策条例还处于缺失状态，这制约了我国体育产业的发展。此外，人力资源是体育赛事发展的基础条件，要推动体育赛事产业蓬勃发展，就要建立优秀的高素质专业人才队伍。总之，完善政策体系、培养优秀人才是推动体育赛事文化发展的重要方面，这需要政府提供支持与帮助。

1. 支持体育院校的发展

作为对体育人才进行培养的重要基地，体育院校的发展离不开政府部门的支持。政府部门应监督体育院校对精品课程的创造与实施，督促体育院校提高办学质量，使其对更多的体育专业人才进行培养。体育院校在设置专项课程方面要以学生的兴趣爱好及将来的就业方向为依据，注重对专项人才的培养。同时对全面发展型人才的培养也很关键，使学生在掌握体育知识的基础上了解社会学、经济学、管理学知识，为我国体育赛事产业的发展做出贡献。

2. 支持对体育产业人力资源的培训

社会随着经济的迅猛发展、大量科技成果的问世而不断进步，在当前社会背景下，各产业对本领域专业人才的素质提出了越来越高的要求。为了适应社会要求，跟上体育的发展步伐，体育从业者必须自觉学习与充实自我，树立新的理念，用专业知识与技能武装自己。

加强专业培训是提高体育从业者专业素质与业务能力的重要手段，这方面需要政府部门予以支持，可以是资金上的帮助，也可以是政策上的鼓励与倾斜，也可以进行物力资源的援助。此外，政府部门也可以通过搭建跨地区甚至是跨国的交流平台来帮助体育从业者开阔眼界，学习经验，成为优秀的体育从业人员，在自己的专业领域有所建树。

（三）大力宣传与传播体育赛事

体育赛事能够将大量观众的注意力吸引于此，企业单位能够借助该平台推广自己的品牌与产品，这是体育赛事商业化发展的关键。在现代体育赛事的商业化运作中，媒体对赛事的宣传、转播能够满足观众的观赛需要，使观众及时获取赛事相关信息。不仅如此，媒体对赛事的宣传与传播还对大众的思想与行为有引导作用，使大众将体育锻炼、观赏赛事作为自己生活的主要内容之一，从而为体育赛事文化的发展营造良好的环境与氛围。可见，对体育赛事的宣传与传播非常重要，这方面要重点做好以下工作。

1. 加大宣传力度

媒体要及时、广泛、深入地开展对体育赛事的宣传工作，通过宣传将体育赛事的魅力充分彰显出来，以赢得更多商家的积极合作，使得各利益主体借助赛事这个平台相互合作、协调配合，通过全面宣传达到共赢的目的。此外，在赛事举办期间对兼具便捷性、广泛性、实时性于一体的网络宣传平台加以利用，可以达得更好的宣传与传播效果。

2. 加强对专业人员的培养

体育赛事对媒体传播有很高的要求，具体表现在对媒体设备、媒体专业人员的要求上。培养优秀的专业人才，不仅要让他们懂基本传媒知识，包括编辑、策划、管理、主持等，还要结合体育赛事的特点对其体育法规、体育新闻媒体、计算机网络技术、网络传媒、体育精神等知识与精神素养进行培养，只有专业人员业务能力过硬，才能获得预期的赛事宣传与传播效果。

（四）保护与传承传统体育项目

作为一定区域内人们在长期生产生活中创造的特殊社会活动，民族传统体育具有鲜明的民族性、地域性、经验性、稀缺性等特征，一定区域内居民的生活态度、生活习惯、文化认同等都能从他们创造的民族传统体育中体现出来。举办民族传统体育比赛对于传播与传承传统体育文化具有重要意义，而且还能带来一定的经济收益，从而为举办更高水平更大规模的赛事奠定资金基础。保护与传承民族传统体育项目在我国一直备受重视，这不仅可以传播体育文化，还能传播区域文化，促进区域文化与体育文化的深度融合。

保护民族传统体育最好的方式就是让它不断发展，永不消逝。有关部门应深入挖掘与大力保护社会上流传的传统体育项目，申报上级审批那些代表性很强而且比较稀缺的项目，从非遗视角来保护这些项目。对于不在非物质文化遗产之列的民族传统体育项目，要探索其他的保护方式，结合现代社会发展需要来加大保护力度，在保护与传承中将传统体育项目的文化魅力予以充分彰显，使强大的社会力量积极参与到民族传统体育的保护与传承中，为民族传统体育文化的发展注入新鲜的血液，提升民族传统体育项目本身的活力，以发展为保护的积极方式有助于我国民族传统体育的繁荣。

（五）加强硬件设施建设

举办体育赛事必然离不开硬件设施，如体育场馆、体育器材设备等，这些硬件设施是体育赛事顺利开展的基础与前提，质量好的硬件设施还能对运动员的安全起到保护作用。一些具有标志性的运动场馆还可能成为赛事举办地的体育文化遗产，对宣传城市的形象起到至关重要的作用。加强体育场馆、设施等硬件资源的建设，并合理利用这些物质资源，对于体育赛事文化环境建设具有极其重要的意义。

首先，地方政府要高度支持对体育场地设施的建设。举办大型综合性体育比赛对体育场馆的要求很高，所建设的体育场馆也要有综合性，并要体现出专项性、专业性，通常社会组织筹建这类场馆有一定的难度，所以政府部门必须提供各方面的支持，包括规划支持、经济支持、人力支持、政策支持等。

其次，建设体育场馆设施不仅要考虑比赛期间的使用，还要考虑赛后的利用率，如果赛后利用率低，那么政府和社会组织便会重新考虑是否有必要花费大量的资源来建设场馆，因为长期不使用这些场馆设施资源无疑和浪费资源没有两样。可见，在场馆建设的规划中要将赛后利用的问题考虑进去，加强资源管理，避免资源浪费，尽可能发挥这类硬件资源的最大价值，满足更多人进入场馆练习与比赛的需求。

最后，增加公园、社区等公共场所的运动器材很有必要，这不仅能满足体育竞赛业的发展需要，还能为大众体育的发展提供良好的物质环境。地方政府应做好这方面的规划，并加强支持，注重维护，广纳资金来提高公共体育设施的建设质量。

（六）支持体育协会的工作

大众参与体育赛事活动需要由体育协会组织筹划，体育协会组织的体育活动是大众参与有组织的体育活动的主要渠道。大众对体育赛事的参与热情、大众的体育价值观等一定程度上都能从体育协会的发展中体现出来。所以大力支持体育协会的工作，加强体育协会组织管理非常重要。

1. 多渠道融资

财政拨款是体育协会组织体育活动的主要经费来源，现在体育协会在不断增多，而财政拨款十分有限，体育协会因为资金限制而无法顺利举办体育活动，因此必须在原有资金来源渠道的基础上寻找新的渠道，鼓励社会资金投入，在社会多个层面拓展渠道，解决体育协会的资金问题，同时减轻政府的财政负担。

为鼓励社会阶层的资金投入，政府部门可通过优惠政策来刺激企业的投资兴趣，增加企业的投资信心，这方面常见的优惠政策有提供用地、减免税收、承包经营等。对于多渠道筹集的资金，要合理分配它们的用途，加强资金管理，尽可能做到透明、公开，以免造成浪费。此外，体育协会也可以从体育彩票中获取资金来开展举办体育赛事的相关工作。

2. 促进协会自我发展能力的提升

现代体育发展中呈现出明显的产业化趋势，这能从国内外体育社团、体育协会等体育组织单位的发展经验中体现出来。为顺应这一趋势，政府部门不仅要加强对体育协会的监督与考核，还要鼓励体育协会走向市场，适当放松管理，使体育协会走一条经营化运作模式。此外，若体育协会有条件办经济实体，如体育俱乐部等，政府部门也应予以鼓励与支持，使企业化经营模式在体育协会中发挥作用，体育协会转型后要及时转变经营管理模式，对大众的体育消费进行积极引导与刺激。

（七）鼓励赞助商加入

当前，体育赛事的发展越来越多元化，而商业化运作与产业化发展是一个主要方向。体育赛事文化产业的兴起极大地促进了体育赛事文化的传播与繁荣。所以，在体育赛事举办期间，主办单位应吸引企业以投资赞助的形式加入其中。主办单位在规划赛事时要将赞助企业的利益考虑进去，尽量给赞助企业大量的空间去宣传自己的品牌与产品，但前提是不能对赛事的正常进行、赛事质量及观众欣赏赛事造成影响。为鼓励企业赞助，政府可提供政策与制度支持，使企业在能够获取便利、得到实惠、保障自身利益的前提下加入赛事。

在招商引资这一环节还要注意严格监督与管理，坚决拒绝信誉差、口碑差、生产低劣产品的企业赞助赛事，这是对赛事形象予以保护的关键。

（八）改善基础服务

体育赛事尤其是综合性的大型体育赛事规模宏大，声势浩大，集聚了大量的运动员、体育工作者以及观众，举办地也会吸引大量的游客，所以在赛事举办期间举办地难免会遇到交通堵塞、餐饮住宿服务业供不应求等问题，这在很大程度上会对赛事的举办和观众、游客的体验造成不好的影响。对此，地方政府应提前准备应对措施，积极准备，加强交通设施建设，促进本地交通管理能力的提升和交通环境的改善，为安全出行、畅通出行提供便利与保障。有关部门要宣传文明出行的重要性，不管是自驾还是乘坐公共交通，都要自觉遵守交规，养成文明出行的好习惯，这是促使赛事顺利进行和提升城市形象的重要方面。

在体育赛事筹备期间，为了更好地满足赛事需要，顺利举办好赛事，给观众和游客带来良好的体验，地方政府应加强基础设施建设并不断改善，根据赛事需要对交通枢纽的基础设施进行升级改造，为方便游客和观众出行，适当增加公共汽车数量，并对城市餐饮、住宿等服务业的服务质量进行严格监管，全面提升城市形象。

（九）提升赛事举办地的环境质量

各大城市在争取赛事举办权时，有关体育部门会对城市的环境质量进行考察，城市环境代表的是城市的形象，能够给人们留下深刻的印象，所以加强环境质量监管很有必要，如净化空气，增加绿化面积等。

在体育赛事筹备期间，主办城市必须严格加强空气质量管理，调动全社会的力量共同努力保护环境，对于违法排放废气的企业要给予处罚，并监督这些企业按照规定整改。地方要面向全民宣传环保的重要性，促进大众环保意识与自觉性的提升。居民应配合政府部门的工作，响应号召，用自己的行动来为建立美好的城市形象贡献一份力量。有关企业要严格按照规定排放污染物，及时进行设备更新，尽可能使用节能环保的材料。

赛事举办地还要适当增加城市绿化面积，在运动场馆周边和游客集中的地方加强绿化带建设，并注意检测环境的质量，积极落实环保政策与应对环境污染的策略，这有助于为体育赛事的顺利举办提供良好的环境与氛围。

（十）促进赛事举办地公共卫生服务质量的提升

举办体育赛事期间，大量人群聚集在特定区域，区域人口密度大，容易造成疾病传播，所以提高赛事举办地公共卫生服务质量很有必要，而这离不开地方政府的支持，政府支持力度决定了地方公共卫生事业的发展水平。政府支持主要体现在财政支持上，通过增加财政支出来促进公共卫生服务设施的完善，改善公共卫生服务质量。

举办大型体育赛事难免会有一些突发事件，为了尽可能预防这类事件的发生或减少突发事件造成的损失，要特别做好预防预警工作，对相关工作人员应对与处理突发事件的能力进行培养，从而及时遏制突发事件的发生与损失，保障体育赛事的顺利进行。

（十一）严惩违背体育精神的现象，净化风气

第一，违背体育精神的不良现象如黑哨、假球、兴奋剂等对体育赛事文化的发展造成了严重制约，也对人们的体育热情和城市的整体形象造成了打击与影响。因此，对于此类事件，必须严肃处理，保障体育赛事的公平与公正。同时要加强对运动员及体育工作人员的道德教育，提升其体育道德素养与体育职业素养，并将道德教育与法制教育结合起来。

第二，对全民文化素养进行培养，促进赛事举办地人民责任心和主人翁意识的提升。赛事举办地的城市形象能够从这所城市中居民的文明程度、素质高低、能力大小等各方面体现出来，居民有了责任心和主人翁意识，就会自觉为城市的环保、安全、公益做出努力，尽自己的力量来美化与维护城市形象。要特别重视对服务业者职业道德意识的培养，促进其服务质量的提升，从而使运动员、观众、游客对城市留下美好印象。

第三，城市形象是由多方面组成的，其中就包括政府形象，所以政府要以身作则，勤政廉洁，与群众建立好关系，获取人们的支持和信任，激发群众维护城市形象的热情。

（十二）加强治安管理

1. 开展安全教育

在举办体育赛事的过程中，要加强安全教育，提高人们防范与处

理突发事件的意识与能力，保障赛事顺利进行，保障运动员、观众及其他相关人员的安全。

2. 完善制度

体育赛事是一个综合的复杂系统，所以建立与完善体育赛事的安全防范制度要涉及多个领域，包括医疗卫生、公安消防、质检管理等。只有规章制度明确且合理、系统且完善，才能更好地开展安全防范工作，维护比赛场地安全和城市公共安全。

第四章

体育赛事运营管理的理念与流程研究

为了尽早实现体育赛事运营目标，必须在科学理念的指导下分析与规划体育赛事营销项目，有序开展体育赛事营销活动，加强对营销过程的控制，这些都涉及体育赛事运营管理的问题。做好体育赛事运营管理工作，有助于更好地满足体育消费者的需求，为体育赛事组织者带来可观的经济利益。本章主要就体育赛事运营管理的理念与流程展开研究，主要内容包括体育赛事运营管理的理念、管理体制、管理主体与规范、具体管理流程以及营销管理过程。

第一节 体育赛事运营管理的理念

一、项目管理理念

（一）体育赛事项目生命周期

任何项目都有自己的生命周期，它指的是从项目开始到项目结束的整个过程。体育赛事虽然是一次性活动，但它也有开始，有结束，体育赛事项目的生命周期也是一个从开始到结束，围绕创造体育赛事产品和提供体育赛事服务而筹备、开展一系列活动直至活动结束的过程。

从狭义上来看，体育赛事从开始举办到赛事结束就是一个完整的体育赛事项目生命周期。从广义上来看，为了举办体育赛事而进行的一系列建设以及赛事结束后涉及的很多问题如运动场馆的运营等也都在体育赛事生命周期的范围内。一般举行大型综合性体育赛事时，可以从广义上理解体育赛事的生命周期。

（二）体育赛事项目生命周期的阶段

体育赛事项目生命周期是一个包含计划、组织、实施、控制、协调和评价等一系列管理活动的系统过程，如图4–1所示。

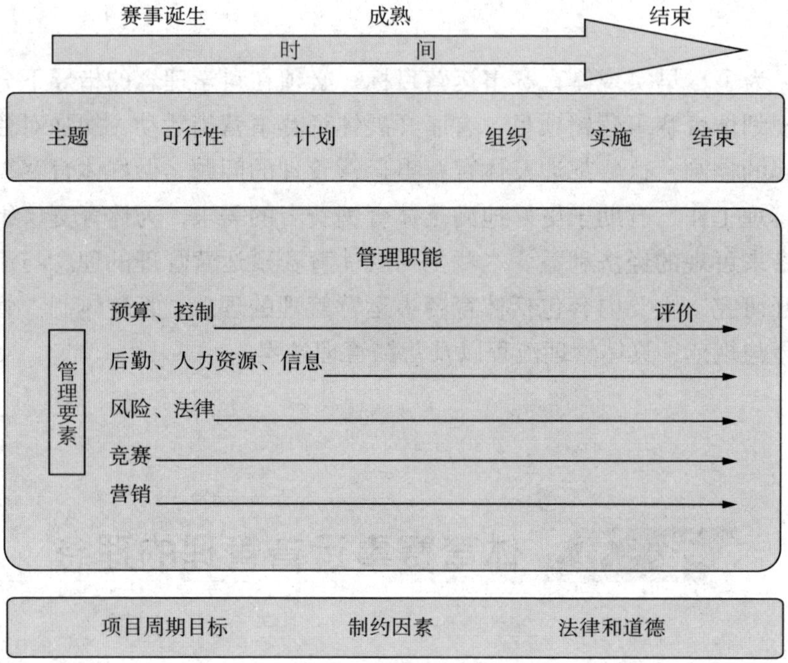

图4–1[①]

可以从体育赛事的特点出发对体育赛事项目生命周期进行阶段划分，图4–2将体育赛事生命周期划分为六个阶段。

① 王守恒，叶庆晖.体育赛事管理[M].北京：高等教育出版社，2007.

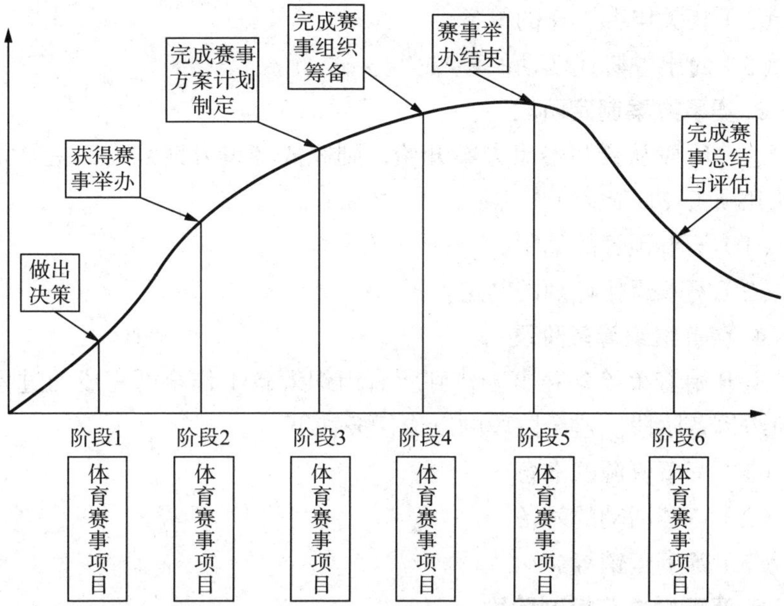

图4-2①

下面对上图中各阶段的工作内容展开分析。

1. 赛事选择阶段

体育赛事生命周期的第一个阶段就是赛事选择阶段，这个阶段始于产生举办赛事的念头，结束于确定要办赛且做出决定、决策。第一阶段主要完成下列几项工作。

（1）明确有关组织单位与大众群体对赛事的需求。

（2）开展调研，收集、整理、分析调查数据。

（3）将承办的赛事初步确定下来。一般情况下，政府部门是大型体育赛事的决策者，企业或私人是小型体育赛事的决策者。

（4）分析承办赛事的可行性。

2. 取得赛事举办权阶段

这个阶段始于正式提出申请，结束于取得赛事举办权。竞争申办、购置以及受委托等是获得赛事举办权的几种常见方法。这一阶段主要完成下列几项工作。

（1）对申办材料进行撰写。

① 黄海燕.体育赛事管理[M].北京：人民体育出版社，2012.

（2）相关申办工作的筹备。

（3）对申办陈述活动的参与。

3. 赛事方案制定阶段

这一阶段从撰写赛事方案开始，到完成赛事方案终止，主要完成下列几项工作。

（1）赛事预算的编制。

（2）赛事运作计划的制定。

4. 赛事组织筹备阶段

从开始着手筹备赛事工作到所有组织筹备工作全部完成的过程就是组织筹备阶段。这个阶段的工作任务如下。

（1）赛事资源的准备。

（2）竞赛活动的筹备。

（3）赛事营销等。

5. 赛事举办与控制阶段

体育赛事的开幕式和闭幕式是这个阶段的始与终，主要工作任务如下。

（1）赛事活动的具体实施。

（2）赛事后勤工作的开展。

（3）竞赛的全方位监控。

6. 收尾阶段

赛事举办完后，要进行总结与评估工作，还要做一些善后处理，这是收尾阶段的主要工作内容。这些工作完成后，体育赛事生命周期便完全结束。

根据上面理论，可以推出整个体育赛事项目任务的分析制定过程，如图4–3所示。

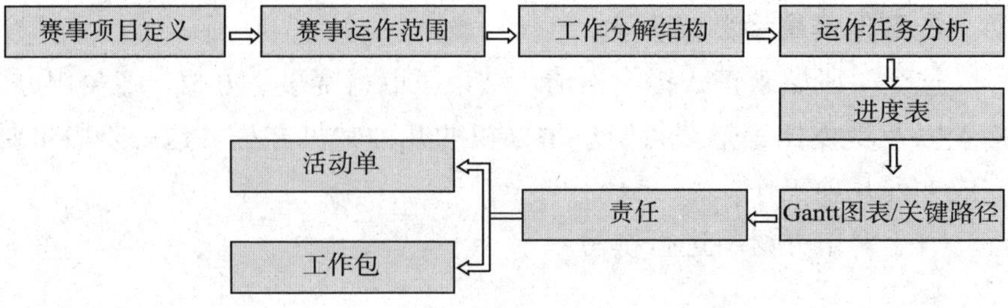

图4–3

二、统筹规划理念

体育赛事运营管理不仅涉及体育竞赛活动本身，还与赞助商、媒体、后勤等多方面有关，所以必须做好统筹规划，这是体育赛事顺利运作的基础保障。体育赛事运营管理团队的管理能力和业务水平可以从其对体育赛事运营的整体规划程度上体现出来。在统筹规划理念下对体育赛事进行统筹管理，有助于顺利举办体育赛事，取得理想的经济收益，使相关利益主体对赛事均感到满意。

体育赛事运营中如果做不到统筹规划，将会阻碍赛事的顺利举办，特别是会影响赛事运作后期各个环节的连贯衔接，而且会出现管理混乱的局面。统筹规划要求对赛事的各个环节都要认真考虑，忽略任何一个环节，都会影响一部分人的利益，使相关利益主体产生不满情绪。

三、节俭办赛理念

节俭办赛是体育赛事管理的一个重要理念，这里首先要说明一点，提倡节俭办赛事，意思不是简单办赛，也不是说对赛事质量不重视。这一理念强调将所有可利用的体育资源充分利用起来，发挥每个资源的价值，拒绝浪费，拒绝华而不实，拒绝形式主义和面子工程。节俭办赛理念可在场馆建设、交通、餐饮等方面予以落实。

在场馆建设方面，将现有的场馆设施资源充分利用起来，修建新场馆要考虑实用性和利用率。

在交通方面，将公共交通资源充分利用起来，安排固定班次的车接送运动员往返于赛场与住所。

在餐饮方面，宣传节约和光盘行动，宣传地方特色美食，考虑大多数群体的口味和运动员的特殊饮食要求。

辽宁在2013年举办第12届全运会期间就倡导节约朴素，在场馆建设方面先考虑可直接利用的现有场馆，再考虑对已有场馆的改建，最后考虑新建新场馆，即使新建，也倡导简修、临建、可持续使用，这充分体现了节俭办赛的理念。

北京申办2022年冬奥会的过程中也提出了节俭办赛的口号，为了响应这一号召，在筹办冬奥会期间，在贯彻可持续使用原则的基础上进行场馆建设，不为了面子工程而重复建设、铺张建设。此外，交通、媒体等各方面无不强调节俭和人性化，这些做法值得体育赛事组织单位借鉴。对于节俭办赛管理理念的贯彻有助于弘扬中华民族勤俭节约的美好品德，有助于促进体育赛事的可持续发展，也有助于使广大人民群众的利益得到保障。

四、效益优先理念

效益优先理念主要体现于在体育赛事运营管理中对体育赛事资源的合理配置上，资源配置要贯彻这一理念和原则。体育赛事的类型不同，所期望获得的收益也就有区别。商业性体育赛事的运作以获得经济效益为目标，市场运作手段也主要是商业化手段，以最大化地获取利润。公益性体育赛事作为一项公益事业，其运作以获得社会效益为目标，主要由政府出资办赛。不管是什么类型的体育赛事，不管要获得什么样的效益，都要在效益优先的理念下筹划与开展体育赛事，这个理念要贯穿于体育赛事运营的各个环节中。

在体育赛事运营管理中贯彻效益优先理念，要求合理使用财力、物力资源，优化配置人力资源。赛事组委会要做好详细的预算，清楚每笔开支的用途，对财务报销制度予以设立，以保障每一分钱都用到了实处。对于物力资源的使用，设立专门的人员负责管理，对每项物资的使用情况都要记录下来，充分发挥各项物资的价值。关于人力资源的配置要做到一人一岗，确保每个人都能在适合自己的岗位上发挥自己的专业优势，杜绝尸位素餐的现象，对人力资源的优化配置有助于促进体育赛事各项工作效率的提升。

五、绿色环保理念

体育赛事运营管理中越来越强调绿色环保理念，倡导保护环境，杜绝污染与破坏环境的行为，对于环境问题要从源头上解决。绿色环保的办赛理念在北京奥运会上得到了充分的体现。在这一理念的指引下，有关部门与市民共同致力于绿色城市的建设中，经过政府与市民的努力，北京成为颇受世界欢迎和被外国友人赞美的美丽奥运城。在体育赛事运营管理的过程中对绿色环保管理理念的践行主要体现在以下几个方面。

第一，在体育硬件设施的建设中树立环保和可持续发展理念，在物资采购、物流运输、工程建设中予以落实，尽最大可能保护生态环境，将赛事对环境的负面影响降到最低。

第二，借助体育赛事的平台宣传环保的重要性，进行环保教育，鼓励体育赛事参与者用实际行动保护生态环境，对体育人口的环保意识进行培养，促进体育赛事与生态环境建设的协调发展。

第三，赛事组委会积极响应政府的环保号召，对政府部门的环保工作大力配合，通过保护环境来实现体育赛事和社会经济的可持续发展。

我国举办2022年冬奥会，在赛事筹备过程中自觉践行绿色环保理念，如北京政府部门积极解决雾霾问题，将此作为一项重点工程来抓，经过坚持不懈的努力，北京PM2.5的平均浓度呈现出明显的下降趋势。北京还就此推出了空气清洁行动计划，从宏观战略上解决环境问题。北京与周边省区联合预防、控制与治理环境问题，形成联动机制，提高办事效率。北京积极致力于新能源的开发，并要求给环境带来严重威胁的企业停业整治，倡导这些企业对新能源的利用，减少对传统能源的依赖性，同时还要多开发与利用可再生能源。“低碳奥运专区”在张家口的建设也体现了我国对绿色环保理念的大力贯彻，张家口政府努力开发可再生资源，使这些污染少的资源能够在冬奥会来临前被充分运用到崇礼区的有关行业中。此外，我国不仅积极治理环境问题，也大力强调预防环境污染的重要性，在冬奥会筹备阶段大力宣传环保，促进全社会环保意识的提升，使人人都能在日常生活中自觉规范自己的行为，不做对环境有消极影响的事，从点点滴滴来维护我们的家园。

我国对绿色环保理念的践行充分体现了我国下定决心建设“美丽中国”，并有信心能实现这一宏伟目标，建设美丽中国将会给广大人民群众带来福祉，也有助于对赛事的宣传。

第二节 体育赛事管理的体制

一、体育赛事管理体制改革

体育赛事是体育事业的重要组成部分，竞技体育的生存与发展更是以体育竞赛为土壤，竞技体育的发展水平可通过体育竞赛这把标尺充分反映出来。体育赛事的举办规模、举办形式、举办频率以及赛事内容对制定体育发展战略目标、改革运动训练体制与方法都有很大的影响，体育赛事的这些要素也会影响体育多元化发展目标的实现和体育事业发展中各类资源的配置与使用。我国于20世纪90年代中后期制定体育竞赛制度，并在修正后予以颁布，明确的体育竞赛制度使我国体育赛事工作和运动训练工作的开展更有目的性、系统性、组织性以及计划性。作为计划经济下的产物，我国体育赛事管理体制的主要特点是政府拨款和全面管理，这一管理体制长期以来发挥了重要的作用，对我国竞技体育水平的提高起到了重要的指导作用。但在市场经济环境下，国家统一办赛与政府全面管理赛事的形式不能适应新环境。市场经济的兴起与不断发展推动了我国体育事业的全面改革，而体育赛事管理体制的改革是体育改革的一个重点。改革体育赛事管理体制使得体育赛事制度的结构发生了显著变化，这不仅包括内部结构的变化，也包括外部结构的变化。随着我体育赛事无形资产的深入开发、体育赛事产业的快速发展以及体育赛事市场的培育与成熟，体育赛事管理体制的改革显得迫在眉睫，这是竞技体育发展的迫切要求。在大环境的影响下，我们应从根本上改革原来的体育赛事管理体制。为此，国家体育总局建立运动项目管理中心，并组建竞技体育司，这些重大举措为我们进一步深入改革体育赛事管理体制和进行体制创新创造了非常重要的条件。

我国必须立足于市场经济这一大环境并结合我国国情来进行体育赛事管理体制改革，改革中还要对其他国家先进的体育赛事管理体制予以借鉴，与国际体育制度接轨，同时也要使新的体育赛事管理体制有益于体育赛事市场的开发与体育赛事产业的发展。总体来说，进行体育赛事管理体制改革要突出几个基本特点，即权责明晰、科学管理、依法治赛、市场与计划相结合。具体来说，要消除条块分割、区域为界的人为屏障，打破户籍制度、代表队制的人事管理框架，实现以俱乐部运转为主体，以人才自由流动为条件，以等级联赛为杠杆，以体育市场为基础，以政府调控为纽带的良性循环的体育赛事管理体制。①

在市场经济环境下，我国进行体育赛事管理体制改革必须适应大环境，适应市场经济的需要，结合市场需求办赛，这样有助于为体育赛事争取更多的物质支持，解决体育赛事的资金问题，为体育赛事的可持续发展提供基础保障，同时也能通过举办体育赛事促进社会经济发展与社会文明建设。在社会主义市场经济条件下进行体育赛事管理，要求对市场经济的竞争规律、供求规律以及价值规律进行深入分析，在遵循市场经济运行规律的前提下进行体育赛事及其无形资产的开发，此外还要将市场的公正作用、沟通价值、服务与中介功能充分发挥出来，使体育赛事运行机制具有自律性，促进体育赛事管理机制的完善。在体育赛事市场的管理中，政府要加强监督，创建公平公正的竞争环境，优化市场行为秩序，提高体育赛事市场运作效率。

二、新时期体育赛事管理体制的新模式

（一）新时期体育赛事管理体制新模式的构建要求与原则

1. 体育赛事管理体制新模式的构建要求

构建体育赛事管理体制新模式应该满足以下几点要求。

（1）资源整合与优化配置的要求。

（2）明确体育赛事中相关主体之间关系的要求。

（3）可操作性要求。

2. 体育赛事管理体制新模式的构建原则

构建体育赛事管理体制新模式应该贯彻以下几项重要原则。

（1）体育赛事管理基本原则。

（2）社会转型期政府职能转变原则。

（3）政府提供公益产品原则。

① 刘正辉.对现阶段我国竞技体育管理体制的分析与探讨[J].考试周刊，2012(10)：94-95.

（4）决策与执行相分离原则。

在满足上述几点要求，遵循上述几项原则的前提下构建体育赛事管理体制新模式，使新的管理体制模式有助于促进竞技体育、体育赛事产业以及体育旅游等多方面的协同发展，满足这些条件的体育赛事管理体制模式如图4–4所示。

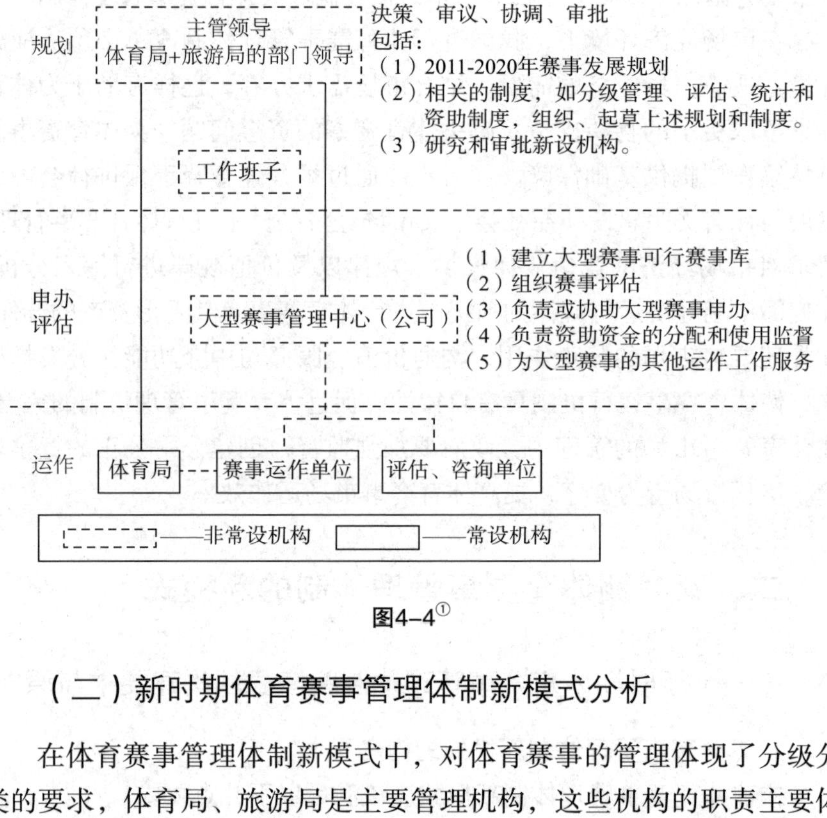

图4–4[①]

（二）新时期体育赛事管理体制新模式分析

在体育赛事管理体制新模式中，对体育赛事的管理体现了分级分类的要求，体育局、旅游局是主要管理机构，这些机构的职责主要体现在对体育赛事的规划、选择、决策、审议、审批及协调，体育局的基本职能保持不变，其将一部分职能交给大型体育赛事管理中心，如体育赛事的规划、选择、申办等。在新模式下对体育赛事管理体制的改革主要有以下两种方式。

第一，原有管理机构保持不变，将大型体育赛事中政府管理职能的错位作为首要解决的问题，对体育赛事的长期战略目标予以明确，

① 蔡伊娜.上海市重大国际单项体育赛事行政管理体制现状与发展对策研究[D].上海体育学院，2011.

实行分级管理，制定配套的赛事资助制度、赛制统计与评估制度。先由地方体育局管理部门履行大型赛事管理中心的职责，在新的管理体制运行一段时间后，根据实际情况确定是否进行大型赛事管理中心的组建与设置。

第二，在建设管理制度和完善配套制度的同时对大型赛事管理中心进行组建。

第三节　体育赛事运营管理的主体与规范

一、体育赛事运营管理的主体

体育赛事运营管理要素分为两个大的方面：一是对赛事有基本支撑和保障作用的管理要素，包括人力资源、后勤、信息技术、财政和法律风险管理等；二是对赛事有提升和推广作用的管理要素，包括赞助、媒体、公关和市场营销等。体育赛事运营管理要素如图4–5所示。

图4–5①

从上图来看，人力资源要素是体育赛事运营管理的基本构成要素，

① 陶卫宁.体育赛事策划与管理[M].重庆：重庆大学出版社，2015.

也是首要要素。人力资源包括体育赛事的组织者、管理者和直接参与者。其中管理者是体育赛事运营管理的主体，发挥着非常重要的作用。

（一）体育赛事运营管理主体的角色分类

按照管理学的一般理论，体育赛事运营管理者的角色可分为“人际关系”“信息传递”和“决策”三个方面。

1.“人际关系”角色

管理者负责激励动员、调配和培训被管理人员，也包括对外人际交往。

2.“信息传递”角色

管理者的接受、收集分析和传递信息的功能。

3.“决策”角色

管理者承担决策判定的职责。

管理者角色的侧重会随着组织水平的变化而变化。依据这个理论，体育赛事运营管理者在管理过程中也应该承担不同的角色，不同的角色会处在不同重要程度的位置。国外学者在实证研究的基础上将赛事管理角色分为“高级”“中级”和“底层”三个层次。

（二）体育赛事运营管理主体的知识与技能要求

体育赛事运营管理者的管理知识与技能水平一定程度上决定了赛事运营管理水平。不同类型的赛事需要不同水平的管理。具体到某一个赛事，其管理系统内部也需要不同层次或水平的管理知识或技能。显然，管理水平与赛事的目标、赛事构成要素有极大的关系。不同层次的管理对管理主体的知识与技能要求也不一样。

1. 体育赛事运营管理主体应具备的知识 / 技能分类

体育赛事运营管理者需要一定的技能去完成相关的管理职责与任务。罗伯特·卡茨提出管理者需要具备“技术”“人际关系”和“概括”三个基本技能以及对应的知识。

（1）“技术”技能

包括一定专业领域里的知识和精通度。这类技能具有较强的操作性和具体性，在较低水平的管理层次中尤为重要。

（2）“人际关系”技能

包括与他人相处或在集体中工作相处的能力。

（3）“概括”技能

指管理者对抽象和复杂情况的思考和概括能力。具有这类技能的管理者通常位于赛事组织与决策的宏观层面，在管理层级上属于顶级管理水平，具有远见、洞察力及整体思维能力。

在“高—中—低”三级分层体系中，体育赛事运营管理人员应该具备的各类知识与技能对位于不同管理层次的赛事运营管理主体的重要程度是不同的，如图4–6所示。

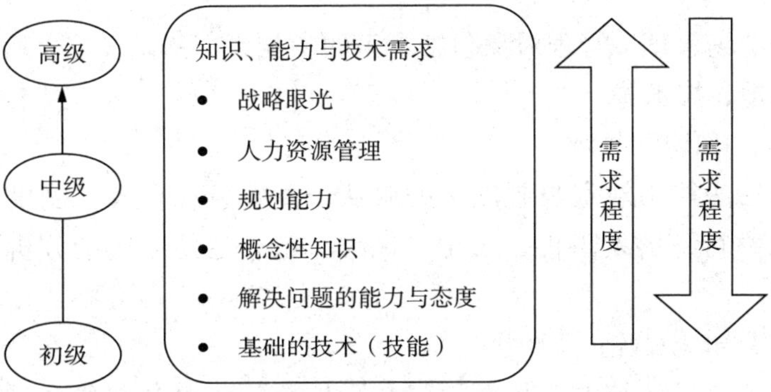

图4–6①

2. 五个领域的知识与技能

如果不对体育赛事运营管理人员进行层级性的角色分类，则可将体育赛事运营管理人员所需的知识与技能划分为“设计”“行政管理”“运营”“风险”和“市场营销”共五个领域（图4–7）。

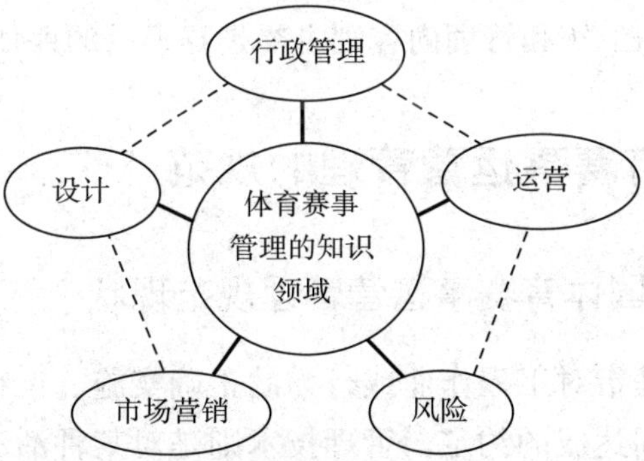

图4–7②

① 陶卫宁.体育赛事策划与管理[M].重庆：重庆大学出版社，2015.

② 陶卫宁.体育赛事策划与管理[M].重庆：重庆大学出版社，2015.

每一个管理领域中所需的知识与技能如下。

（1）“设计”领域

将赛事看成是一个产品，向消费者提供消费内容，主要涉及活动（项目、节目）、环境布置、主题、接待等。

（2）“行政管理”领域

包括赛事的财务与资金、人力资源、信息、采购、利益相关者、系统与时间管理等。

（3）“运营”领域

即赛场管理，管理对象包括赛事的参与者、基础设施、后勤与物流、场地、技术等。

（4）“风险”领域

包括法律（规章与制度）的服从，让赛事在合理的制度与法律框架内举行；突发事件、安全、保险、伦理道德、决策分析等方面的管理。

（5）“市场营销”领域

除了包括传统的市场营销“4P”外，还包含公共关系、赞助管理等。

体育赛事运营管理者在行使管理职能时，通常是以一种连续的方式进行，即一个过程，具有时段性。这与赛事运营管理要素的时间顺序性有关。从一般情况来看，这个过程大致包括“赛前（准备）”“赛中（实施）”和“赛后”三个阶段。第一阶段的工作内容与管理对象为赛事的申办和规划设计。第二阶段则是最为关键的赛事组织实施与运营。第三阶段的工作和管理内容则主要是赛事后的评估与总结。

二、体育赛事运营管理的规范

（一）我国体育赛事运营管理规范现状

规范主要是指对工程作业或行为的正确实施、运行而明文规定的标准或组织之间达成的约定。管理技术则是对某种活动或者行为执行的一种正规有效的组织管理应用方法。技术规范则是指规定和限制人类在技术活动中的行为准则。技术规范的应用和存在的意义在于正确规范技术实施人员的技术活动，在实施技术活动时必须以技术规范为指导。[①]当前我国体育赛事组织管理技术规范体系还没有达到完整统一的程度。在赛事管理技术规范上还缺乏有效的规范框架来约束和指导竞赛各方面的运作。

1. 现行赛事运营管理规范缺乏操作性

我国体育赛事的组织管理主要是以总竞赛的规范和各项目的单项竞赛规程作为纲要，以各项竞赛规则为标准实施的。近年来，为了进一步规范大型赛事的组织运作，我国于 2006 年组织编写《全国综合性运动会组织管理指南》、2012 年组织编写《全国体育大会组织管理指南》，这些文件的出台在一定程度上对大型赛事的管理规范起到了指导性作用。但是这些规范性文件相对于现阶段的大型赛事管理体系来说有很多需要完善的地方。

2. 现行赛事运营管理规范缺乏系统性

体育赛事组织管理范畴包括竞赛的组织与管理、裁判员和相关技术人员的协调管理、运动员的报名、比赛成绩的统计、竞赛编排和颁奖工作、比赛场地的设施管理与分配等。要顺利地组织体育赛事，促进体育赛事运营效率的提高，就需要通过系统性的管理和操作对这些管理范畴作出正确的处理。不同的规范性文件应用于不同的管理部门，但是不同部门之间缺乏及时有效的沟通，对管理技术的应用效果会产生消极影响。因此，只有将不同层面的管理规范都纳入一个完整的系统中，才能够为体育赛事运营管理实践提供有效的指导。

（二）我国体育赛事运营管理技术规范框架体系的建立

一个国家的体育体制对该国体育发展有直接的、决定性的影响，它是一定历史时期的政治体制、经济体制与体育发展内在规律相互作用的结果，不以人的主观意志为转移。因此，一个国家体育体制关系到国家政治体制和社会的发展进步。而体育体制的完善并不是形式上的组织结构的完善，而是要把对体育体制的管理技术规范框架体系建立在完善体育体制发展的基础之上。

体育赛事组织管理工作具有高度的专业性和技术性，体育赛事运营管理也离不开政府的支持。然而随着市场经济的深入，政府在体育

① 卢葭琪.我国大型体育赛事竞赛组织管理技术规范框架体系研究[J].统计与管理,2016(10)：163−164.

赛事管理中并没有起到完全的监督作用，导致市场经济对体育赛事的公平公正、大众性和合法性产生了一些影响。所以，建立体育赛事运营管理技术规范框架体系有利于政府完成对体育赛事的辅助性监管，有利于体育赛事管理摆脱纯粹的商业化模式，从而为我国体育事业的发展创新创造有利条件。①

（三）我国体育赛事运营管理技术规范的发展与完善

我国体育赛事运营管理技术规范分为两个部分，第一部分是硬件，包括赛事场地器材设施和相关用品，第二部分是软件，这是体育赛事运营不可或缺的重要组成部分。

制定与实施体育赛事运营管理技术规范，并不断加以完善，能够有效提高体育赛事运营管理的标准化水平、规范化水平和程序化水平。

在建立与完善体育赛事运营管理的技术规范体系的过程中，要重点规范与提高不同层次的管理技术，加强对各层次管理的监督。具体来说，需要重点完善的技术规范包括以下内容。

（1）赛事组织实施基础技术规范。

（2）设置赛事组织机构技术规范。

（3）竞赛报名、编排、成绩公告、颁奖技术规范。

（4）赛事规则技术规范。

（5）赛事仲裁技术规范。

（6）赛事市场营销技术规范。

（7）赛事赞助技术规范。

（8）赛事媒体宣传技术规范等。

对上述技术规范的实施与完善有助于促进体育赛事运营管理技术规范体系的高效运行，有助于从整体上完善赛事运营管理技术规范体系，促进技术规范体系内各组成部分的相互配合、监督与协调发展，从而充分保障体育赛事运营的效率，提高体育赛事管理的效果，并对我国体育事业尤其是体育赛事产业的发展起到规范作用。

① 卢葭琪.我国大型体育赛事竞赛组织管理技术规范框架体系研究[J].统计与管理，2016(10)：163-164.

第四节 体育赛事运营管理的具体流程

体育赛事运营管理的流程具体包括下面四个步骤。

一、体育赛事市场机会的分析

对于体育赛事运营管理人员来说，他们的主要任务是寻找和分析、评价体育赛事的市场机会，同时这也是市场营销管理过程的首要步骤。随着市场的不断变化，每一项体育赛事都会有其特殊的生命周期，体育赛事营销人员必须经常寻找、发现新的市场机会。

可以通过各种不同的方法来发现市场机会，其中，阅读报纸、参加展销会、研究竞争者的产品、召开献计献策会、调查研究消费者的需要等是寻找、发现或识别未满足的消费者需要的信息，并从相关信息中发掘新的体育赛事市场机会的最基本的方法。

除此之外，还有一些寻找、发现市场机会的有效途径，如分析产品／市场发展矩阵（图4–8）、市场细分。

	现有产品	新产品
现有市场	1 市场渗透	3 产品开发
新市场	2 市场开发	4 多元化经营

图4–8

市场机会评价在分析体育赛事市场机会中也是非常重要的一个部分。不是每个市场机会都适合体育赛事的运营与组织的，营销人员要善于对所发现的市场机会进行客观评价。评价市场机会，要满足两个条件：一个是要看这种市场机会与该赛事举办的任务与目标是否一致；一个是要看该赛事是否具备利用这一市场机会的条件。此外，还要进一步评估对体育赛事运营有吸引力的市场机会，进一步研究该市场机会的消费者、消费者的购买力，分析竞争对手。

二、体育赛事目标市场的确定

体育赛事运营方需要根据一定的变量或依据来细分市场。然后决定选择哪些子市场作为体育赛事赞助的目标市场。

在选择体育赛事目标市场之前，需要评估细分市场，判断其市场潜力、市场结构的吸引力及商业优势是否符合要求。首先，赛事组织方应收集分析有关数据，研究目前市场的销售额、年增长率和期望利润。一般来说，体育赛事的组织方较为感兴趣的是那些有较大规模及具有发展潜力的子市场。一些小型体育赛事则会以自己的特色为依据来发掘某些专业化的市场，选择一些小的，不是特别有吸引力，但对公司来讲更有利可图的子市场。

在满足了体育赛事成功营销所需的外部条件后，还要与体育赛事运营方的内部条件相结合，来有效分析市场机会。

三、体育赛事市场营销组合的设计

市场营销组合是体育赛事运营管理的第三个步骤，市场营销组合中所包含的可控制的变量很多，可以概括为以下四个基本变量。

（一）产品

市场营销组合中的产品是为了目标市场而开发的有形物质产品与各种相关服务的统一体，产品的关键是要与顾客的需要相符。这就要求体育赛事运营管理方必须设计和生产适应目标市场需要的有形或无形产品，以供消费者购买。

（二）价格

市场营销组合中的价格实际上就是指顾客购买商品时的价格。产品的定价一定要将目标市场的竞争状况、法律或政策、顾客的承受能力，以及折扣、让价、支付的期限、信用条件等作为综合考虑的重要因素。同时，还要保证所制定的价格在目标市场上有一定的吸引力。

（三）地点

市场营销组合中的地点，指的是产品从进入目标市场到到达消费者手中所经过的途径。大量的市场销售只能在市场销售渠道中完成。有些产品的销售渠道相当复杂，也有些产品的销售渠道十分简单。体育赛事运营方要积极拓展赛事产品的销售渠道，使销售范围进一步扩大。

（四）促销

市场营销组合中的促销是体育赛事运营方在市场和社会上广泛宣传产品的优点，促进其销售的活动，广告、人员推销、营业推广和公共关系等都属于促销的范畴。体育赛事运营方应把合适的产品在适当的地点按照适当的价格出售的信息通过促销活动传递给消费者，从而吸引目标顾客前来购买。

四、体育赛事市场营销活动的管理

管理市场营销活动，是体育赛事市场营销管理过程的第四个主要步骤。这是整个市场营销管理过程中的一个带有关键性的、极其重要的步骤。如果体育赛事中缺乏周密的市场营销计划，那么，营销工作的方向性和目标性就会比较欠缺，并且无法推进。

市场营销计划制定后还要靠有效的组织系统去执行和实施，否则就成了“纸上谈兵”。由此可见，制定市场营销计划仅仅是市场营销管理工作的开始。企业制定市场营销计划之后还要花很大力气去执行和控制市场营销计划，对体育赛事的市场营销活动进行管理。

第五节 体育赛事的营销管理过程

一、体育赛事营销的内容和对象

（一）体育赛事营销的内容

本书以体育赛事运作管理机构为视角，研究在不断变化的内外环境中，怎样以体育赛事为载体，通过满足赛事相关利益个人与群体的需求，从而确保体育赛事的经济及社会效益得以实现。从这一角度出发，体育赛事营销主要内容包括如下几方面。

（1）向运动员介绍赛事，吸引与鼓励运动员参与赛事。

（2）争取政府对赛事的支持。

（3）寻求赛事举办的赞助企业及其他团体与个人。

（4）吸引新闻媒体对体育赛事进行报道。

（5）吸引观众观看比赛，或吸引观众观看媒体对赛事的报道。

（6）寻找可以为赛事提供高效且专业化产品和服务的供应商等。

（二）体育赛事营销的对象

从上述体育赛事营销的主要内容中可以了解到，体育赛事营销对象主要有运动员、政府、赞助商、媒体、观众和供应商。

1. 运动员

作为体育赛事的主要参与者和重要主体，运动员的表现能够给人带来视觉刺激和精神娱乐。运动员是体育赛事营销的主要对象之一，高水平与知名度高的运动员参赛可以使赛事的档次和水平得到提高，从而能够吸引外界的关注。例如，网球四大满贯赛事每年都会举行，国际网球界顶尖水平的运动员聚集在此参赛，其有着巨大的效果和影响力，人们将仅仅十几天的赛事当作一个非常盛大的节日。赛事运作管理机构吸引高水平运动员参赛的主要渠道是联系顶尖运动员的运动队、俱乐部、经纪人或教练员。

2. 政府

我们开展体育赛事，要将政府的影响力这一关键资源充分重视起来，通过制定详细的计划来对这一资源主动加以利用。赛事运动管理机构为了争取政府的大力支持，需要将通过赛事的举办可以为举办地带来的利益这一重要的信息向政府宣传，扩大知名度、提升美誉度、获取综合性社会效益等都是举办赛事可以为举办地带来的利益表现。吸引政府关注，获取政府支持与协助是宣传信息最终要达到的目的。政府支持下的体育赛事能够吸引更多的运动员参与，也能够吸引更多的观众观看赛事，进而促进体育赛事价值的提升。

3. 赞助商

体育赛事营销中有一个最为重要的环节，即赞助商的选择和谈判。

体育赛事营销的一个重要目标就是吸引不同层次的赞助企业来支持体育赛事，赛事运动管理机构是否可以筹集足够的资金举办赛事，是否可以创造更大的赛事经济效益，关键就在于能否吸引赞助商。赛事运动管理机构要详细策划相应的方案，对企业与赛事的契合点进行探求，促进赛事运作管理机构与赞助企业双赢目标的实现。

4. 媒体

体育赛事组织者要想将赛事宣传工作做好，离不开对媒体这一重要手段的借助。所以，赛事运动管理机构要充分认识到，其与媒体之间是合作共赢的关系，因此要注意将自身与媒体的关系处理好。一般大型体育赛事在成立筹委会时，距离赛事开展还有一周年时都会召开新闻发布会，这时就要将邀请函发给重要的媒体，将赛事的特点与“亮点”介绍给媒体。赛事的组织者对合作媒体的选择可以依据赛事开展的具体情况来进行。

5. 观众

观众不仅指现场观众，也指观看电视等媒体直播的观众。体育赛事运作管理机构对赛事的宣传可以借助邮寄宣传品、媒体、互联网等进行，以此来促进赛事受众群体的扩大，而且还需要对不同层次与价格的门票进行设置，以使不同消费群体的观赛需求能够得到满足。

6. 供应商

体育赛事，特别是大型体育赛事的运作管理需要一个纷繁复杂的过程，有很大的工作量和很强的专业性，涉及方方面面，也有很高的时限要求，因此想要仅仅依靠体育赛事运作管理机构的力量就要使赛事成功举办几乎是不可能的，而且这对赛事运作成本的控制和效率的提高也非常不利。因此赛事需要一些专业化的服务公司对其加以支持才能成功举办。例如，在设计开幕式、市场推广、安排旅游、食宿等方面都需要由专门的公司来协助。这些专业公司的支持不仅可以使赛事运作管理机构的压力得以缓解，而且也可以对当地的资源进行充分利用，促进赛事质量的提高。所以，赛事营销的对象中这些专业化的公司也是非常关键的。

二、体育赛事营销管理的计划

为达到体育赛事组织的总体目标，确保各项市场营销战略的有效实施，就必须科学合理地制定一整套体育赛事市场营销计划。体育赛事市场营销的内容包括八个方面（图4-9）。

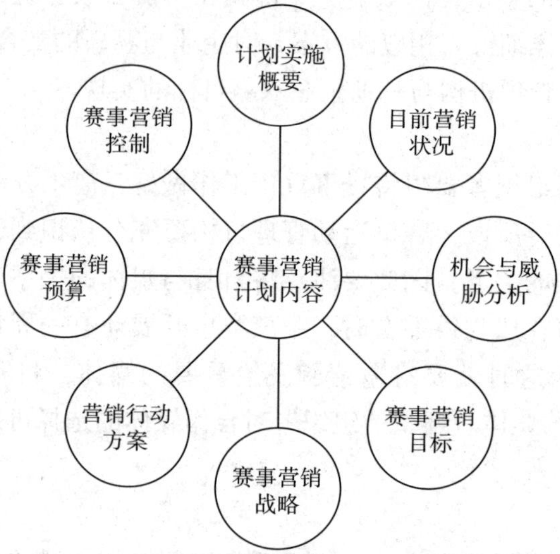

图4-9[①]

（一）计划实施概要

计划实施概要，就是指在体育赛事市场营销计划的开始部分来简要介绍该赛事的主要目标，使赛事组织管理层对整个计划的内容有一个初步的了解。

（二）目前营销状况

体育赛事目前营销状况包含的内容比较多，其中，主要的有：目前的宏观环境、目前市场的基本情况、产品目前趋势、分销渠道和竞争者等。

（三）机会与威胁分析

机会与威胁分析，就是要将体育赛事运营过程中可能会面临的机会和威胁尽可能全面地列出来，然后以时间与程度的不同来进行分类，从而能侧重关注重要及紧迫的信息。

① 黄海燕.体育赛事管理[M].北京：人民体育出版社，2012.

（四）赛事营销目标

赛事营销目标，就是指体育赛事组织与运营管理所要完成的任务，以及在完成时间方面的要求。

有一点要强调，体育赛事的营销目标不能只是概念化，应转化为便于衡量的指标，这对于赛后的评估是有帮助的。

（五）赛事营销战略

赛事营销战略主要包括三个方面的内容，即目标市场战略、定位战略、营销组合战略。

1. 目标市场战略

目标市场战略实际上就是对体育赛事运营的市场进行进一步的细分，然后以不同的消费者的偏好、对营销行为的反应及盈利潜力的差别为依据，来有效识别该赛事的首要目标市场、次要目标市场，并在精心选择的目标市场上，做好资源与力量的分配。

2. 定位战略

定位战略是体育赛事运营方通过提供给消费者区别于竞争者的利益和价值，来将其更值得信任及购买展示给目标市场。从实质上来说，定位就是产品的差异化，其是吸引现有或潜在顾客购买的基础。

3. 营销组合策略

营销组合策略是对选定的细分市场，以定位的要求为依据，分别制定产品、价格、分销和促销等营销策略，并对这些策略进行整合。

（六）营销行动方案

营销行动方案是将体育赛事组织的活动安排变成日程表上的内容，在营销行动方案中要对营销战略实施中所涉及的所有因素都进行充分考量。可以运用图表的形式将具体的战略表现出来，这样不仅能使战略行动方案一目了然，而且还能为执行和控制提供一定的便利。

（七）赛事营销预算

赛事营销预算是指执行赛事营销战略所需的费用计划，其包含的内容有很多，如赛事营销所需的资金概算、资金用途、使用理由等。营销预算的侧重点要明确，这样才能使重点战略目标的实现得到保证。

（八）赛事营销控制

赛事营销控制包含检查赛事营销是否达到赛事组织目标的要求，主要说明如何对计划的执行和进度进行管理。赛事营销的应急方案也属于营销计划的控制的范畴。对可能发生的各种不利情况及每种情况发生的概率、危害程度进行预测并准备好预防措施和善后措施。

三、体育赛事市场营销组织

（一）市场营销的职能

市场营销的职能，由最初的销售商品，已经逐步转变为多种复杂职能的集合。由此可以说，市场营销部门是执行和调节市场营销工作的组织机构，在公司中的地位是非常重要的。

（二）体育赛事市场营销的组织机构及人员设置

体育赛事市场营销的组织机构及人员设置并不是固定不变的，而是随着赛事的规模、性质、历史传统、主办方等因素的差别而有所变化的。若是公司性质的体育赛事运营方，一般会在公司内部设立市场开发部；若是由政府行政部门组成的组委会，则可能另设接受组委会领导的市场开发公司。体育赛事市场营销组织的设置，对于通过专门的机构负责体育赛事资源的市场开发，提高体育赛事市场营销的力度是有利的（图4–10）。

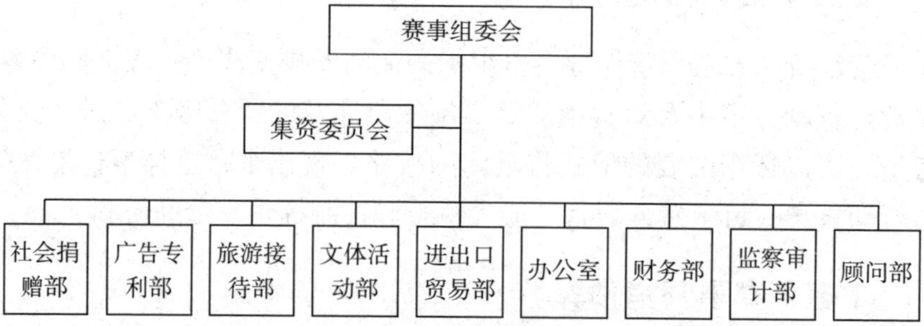

图4–10

四、体育赛事营销控制

体育赛事营销控制主要包括以下四种类型。

（一）项目计划控制

体育赛事营销计划控制的主要内容如下。

1. 销售分析

销售分析指的是要衡量并评估在体育赛事运营过程中实际销售额与计划销售额之间的差别。

2. 营销费用率分析

营销费用率分析指的是体育赛事的营销费用与销售额之间的比率。

3. 财务分析

财务分析主要是指通过一段时间内的销售利润率、资产收益率、资本报酬率和资产周转率等指标，了解体育赛事运营的财务状况。

4. 消费者态度追踪

消费者态度追踪指的是体育赛事运营方通过设置服务亭或问卷了解消费者对赛事运营及组织的要求及态度。

（二）盈利能力控制

盈利能力控制的主要目的在于对体育赛事不同产品、不同地区、不同消费者群体、不同销售渠道的盈利情况的控制活动进行测定。盈利能力控制的内容主要有营销成本控制、营销净损益分析以及体育赛事盈利指标考察等。

（三）战略控制

在战略控制中，应通过定期评估与信息反馈，根据最新情况对既定计划进行适当修改，根据实际情况不断完善战略，从而逐步实现更高层次的战略目标。

（四）效率控制

体育赛事的效率控制包含的内容主要有以下三个方面。

1. 营销人员效率控制

营销人员效率控制指对体育赛事市场营销人员平均每天的销售访

问次数、成本和收益等指标的控制。这方面控制是为了提高营销人员工作效率。

2. 广告效率控制

广告效率控制是为了提高广告资金投放效益。

3. 销售促进效率控制

销售促进效率控制是为了实现促销活动效益的最大化。

第五章

体育场馆的运营与管理研究

体育场馆的建设主要分为硬件和软件建设两方面的内容。硬件方面主要包括体育场馆的基础设施、设备、器材、服装等内容。软件建设则主要指的是体育场馆的规章制度、文化建设等内容，也就是我们通常所说的体育场馆的运营与管理。体育场馆从业者一定要注意提升自身的管理水平，保证体育场馆的科学化运营与发展。

第一节　体育场馆运营管理的现状、趋势与对策

一、体育场馆运营管理的概念与内容

（一）体育场馆运营管理的概念

1. 体育场馆运营

根据运用管理的概念，体育场馆的运营是指对大中型体育场馆在建设、投入使用、提供服务的过程中，计划、组织、实施以及控制整个活动过程的总和。体育场馆的经营应具有经营的基本含义、性质和特征。

具体来说，可以将体育场馆运营的概念定义为：体育场馆经营是体育场馆领域里的经营活动。

2. 体育场馆管理

体育场馆的管理是指对体育场馆的人力资源、物力资源、财力资源等的管理。体育场馆的管理是一项长期、细致、艰巨的工作，需要制度化，施行责任制。

体育场馆的管理工作非常繁杂，而且有很多工作是周而复始的，一位场馆工作人员每天的工作有很多是重复前一天的事情，需要每天打扫同一个地方，巡视同一块场地，收拾同一件物品，检查同一批器材，单调重复很容易使工作人员产生视觉、精神疲惫，对工作失去激情，最终导致工作质量的下降。因此，体育场馆往往要建立一个配套的管理制度，使体育场馆工作人员的工作制度化、常规化，实行岗位责任制。把工作的质量以制度的形式规定下来，一切照章办事，可以有效保证体育场馆的正常管理秩序和内部运行效率。

（二）体育场馆运营管理的内容

1. 体育场馆运营的内容

从本质上说，体育场馆的经营依然从属于经营管理（运营）的大概念。在体育场馆运营思想的指导下，体育场馆经营管理人员在履行国有资产受托人的职责和权利时，应做到以下几点。

（1）获得资产使用权以及剩余回报索取权。

（2）自主制定体育场馆整体发展战略。

（3）在战略指导下，面向市场设计、提供产品和服务。

（4）承担经营成本，获得经营回报。

2. 体育场馆的管理内容

（1）人力资源。包括组织机构、人事管理等相关部门，以及日常工作管理。

（2）财务管理。包括营业收入、费用开支、票据管理、材料物资管理等。

（3）物力管理。具体是指体育场馆内的体育器材、设施、设备的管理。包括体育场馆设施设备的概况和管理方法等。即供电、给排水、空调、电梯等常规设备及专门配置有智能化的中央控制系统、无线上网系统、广播扩音系统、照明系统、草坪加热系统、制票检票系统及门禁身份识别系统等设施设备的管理。总之，包含了从选购设施设备或自行设计制造设施设备到设施设备在服务经营领域内使用、维护、修理，直至报废退出服务经营领域等内容。

（4）物业管理。包括综合体育馆、游泳馆、足球场及相应配套的训练场馆及相应配套的商业网点，如酒店、超市、餐饮等。

（5）安全管理。包括治安、消防、生产、卫生安全管理的有关内容和方法。

二、体育场馆运营管理的现状

（一）我国体育场馆经营概况

伴随着现代社会的不断发展，我国国民经济水平也日益提升，随之而来的是消费水平的极大提升。在这样的背景下，人们也逐渐形成了良好的体育消费观念，这就为体育场馆的经营与管理创造了良好的基础和条件。

在当今体育赛事日益增多的情况下，我国的体育场馆建设水平也得到了明显的提升。需要注意的是，尽管我国的体育场馆规模和数量都在不断扩大，但总体上来看却缺乏一定的设计和科学的规划。另外，体育场馆的经营与管理水平也有所欠缺，这非常不利于其后期的发展。近些年来，虽然我国有一部分体育场馆实现了盈利，扩大了对社会的开放程度，但是绝大多数体育场馆的收入情况并不是很理想，仍然需要政府的补贴来维持日常活动。这一情况是不容乐观的。体育场馆要想获得健康持续的发展，就必须要充分提升自身的“造血”能力，从根本上解决资金短缺问题。

目前，我国体育场馆确立了“以体为本”的经营理念，近些年来对外开放程度也不断加大，体育场馆的经营者也获得了一些经济收益，可谓实现了经济效益与社会效益的共同发展。目前我国体育场馆的经营与管理逐渐形成了一个政府、社会、体育场馆、个人、外资等多元化的经营局面，这非常有利于体育场馆的持续健康发展。伴随着体育事业的不断发展，相信我国体育场馆的经营与管理水平必将得到更大的提升。

（二）我国体育场馆经营中的问题

与欧美等体育产业强国相比，我国的体育产业还存在以下几个问题。在这样的情况下，我国体育产业的发展受到严重的影响与制约。

（1）存在一些产业市场发展的“潜规则”。

（2）没有建立一个健全和完善的市场体系。

（3）产业市场的经营与管理显得比较混乱和无序。

（4）没有建立一个完善的体育产业制度体系。

（5）欠缺必要的体育资本积累。

作为体育产业中的重要内容，体育场馆的重要性不言而喻，体育场馆的管理人员要充分认识到体育场馆在体育产业发展中的重要性与特殊性，不断提升自身的运营与管理水平。目前，我国体育场馆的经营与管理还存在不少问题，这主要体现在以下几个方面。

1. 体育场馆经营成本较高，缺乏必要的决策依据

发展到现在，我国具有影响力的体育赛事越来越多，在这样的情况下，各个地方都兴建了大量的体育场馆，这些体育场馆大多数都是由政府出资建设的，其功能比较单一，主要用于体育赛事活动，平时的利用率并不是很高，存在着场馆利用率低、经济效益低下的问题。

调查发现，目前我国绝大多数体育场馆每年的营业利润都非常低，其经营与管理水平都不是很高。这种经营状况非常不利于我国体育场馆的建设与发展，需要今后借鉴欧美等体育产业强国的先进经验，从而更好地促进我国体育场馆的发展。

2. 体育场馆经营缺乏必要的政策支持

为促进体育场馆的科学运营与发展，政府部门必须要给予必要的政策支持，这是体育场馆发展的重要保证。与其他国家相比，我国体育场馆的运营方面获得的政府政策支持的力度还明显不够，有不少的体育场馆甚至承担着高额的税务负担，如房产税、营业税、增值税、城建税等，除此之外，还有各种杂费，如治安费、物价管理费、防疫检测费等，这些都非常不利于我国体育场馆的健康发展。

3. 体育场馆经营人才比较匮乏

目前我国体育场馆建设中存在的一个现实情况是，大部分的工作人员都来自运动队的退休人员或刚毕业的大学生，他们的知识结构相对单一，缺乏必要的经验，体育场馆的经营管理水平不高，这制约着我国体育场馆的开发与建设。

伴随着时间的不断推移，我国体育场馆的组织者不断引进了一些学历水平和专业水平都较高的专业人才，这在一定程度上促进了我国体育场馆的建设与发展。但总体而言，真正从事体育场馆经营与开发的人才还是比较欠缺的，这需要今后不断挖掘与培养。

4. 体育场馆经营自主权小，政府干预过多

我国体育场馆基本上都属于事业单位，缺乏必要的经营自主权和人事管理权等，在市场经济发展的今天，这一种管理体制与时代发展是不相符的，非常不利于体育场馆的运营与管理。

由于我国大部分体育场馆的管理人员的经营自主权非常少，因此经营与管理水平就难言有多高。为改善这一局面，政府应在宏观调控的基础上，逐步放权，聘请专业人才对体育场馆进行运营与管理，这样才能保证体育场馆的健康发展。

5. 体育场馆经营的经济效益和社会效益存在矛盾

体育场馆要想实现健康快速的发展，必须要重视经济效益与社会效益的结合，促进这两方面的共同发展才是科学发展之路。目前，我国体育场馆运营与建设的过程中，普遍存在着如何实现经济效益和社会效益共同发展的问题。这一问题深深困扰着大多数体育场馆的管理人员。

目前，我国绝大多数的体育场馆都是国家出资兴建的，带有强烈的行政性质，体育场馆的社会效益比较明显。但体育场馆对外开放的程度不高，这极大地减少了体育场馆的社会效益，因此存在着一定的经济效益和社会效益发展的矛盾。这也是我国体育场馆经营与管理中面临着的一个重要问题。

6. 绩效评估机制不健全，监管制度不完善

为推动我国体育赛事的不断发展，政府部门加大了体育场馆建设的力度，对体育场馆投入了大量的资金，这种巨大的资金投入和低下的经济效益形成了鲜明的对比，这说明我国体育场馆的发展机制是非常不健全的。

为推动体育场馆的健康发展，必须要建立一个健全的绩效评估机制，如果评估机制不健全，就容易导致国有资产等一系列资产的流失，因此我们一定要建立一个健全和完善的体育场馆评估与监管制度。

三、体育场馆运营管理的趋势

伴随着体育赛事水平的不断提升，体育场馆的经营与管理水平也必将得到进一步的提升，这是不容置疑的。[①]在新的时代背景下，体育场馆运营与管理的趋势主要体现在以下几个方面。

（一）投资政策方面

伴随着我国社会经济水平的不断提高，以及各项经济制度的逐步完善，政府的投资政策也变得更加宽松和自由，在这样的情况下，大量的社会资本开始进入体育场馆业，有很多的社会企业愿意为体育场馆提供一些投资，体育场馆的建设与发展可谓迎来了一个发展的春天。

为推动我国体育场馆的进一步发展，我国政府应积极主动地采取多元化的投融资策略，吸引大量的社会投资用于体育场馆的建设与管理，来缓解自身的压力。伴随着体育事业的快速发展，一些新兴的体育场馆业拥有良好的发展前景，如健身健美场馆、网球场馆等，政府可以带头吸引社会资本加入其中，进一步推动这些体育场馆的建设与发展。

体育场馆的新建与扩修需要一定的用地，为此，政府还要不断完善体育场馆设施建设的用地政策，可以采取划拨的方式提供用地，同时还可以为体育场馆经营单位提供一定的政策优惠，确保其得到健康的发展。

（二）运营模式方面

目前，总体来看，我国绝大多数的体育场馆以自主经营为主，同时还存在着租赁、承包、委托经营、合资经营等多种方式，可以说经营模式还是十分多样的。伴随着各类专业体育场馆运营机构的发展，委托经营成为未来体育场馆运营的一个重要趋势。

近些年来，我国体育场馆的经营者通过引进西方体育场馆先进的管理理念与模式，促进了体育场馆的市场化建设，同时也大大提高了体育场馆的运营水平。在这样的情况下，我国体育场馆的运营成本大大降低，服务质量却得到了有效的提升，体育场馆运营水平的提升为社会大众提供了更好的公共服务，体育场馆的建设与运营可谓进入了一个良性循环发展的轨道。

伴随着体育场馆的发展，其经营项目也逐步变得多元化。体育场

① 刘艳珍.完善建筑经济管理中的资金建设实效性研究[J].商讯,2020(07):181.

馆的功能由以往的单一化迅速向多元化方向发展，如体育场馆可以用于运动训练、表演比赛、大众健身娱乐、大型文艺表演等。通过这些项目的经营，体育场馆经营者能获得良好的经济效益，从而实现经济效益与社会效益的共同发展。

（三）管理模式方面

伴随着现代社会的不断发展，我国体育场馆的管理模式开始呈现出一定的变化，由以往的政府管理向多元化投融资的模式转变。大量的体育场馆开始由专门的体育组织机构进行管理，这代表着时代的发展和进步。由于我国体育场馆的发展时间并不长，在发展的初期存在着大量的问题，为保证体育场馆的健康运营与发展，需要专门的管理机构提供必要的支持。在专业机构的组织与管理下，体育场馆能为广大的顾客提供更加完善的服务，还能有效降低政府财政负担，实现良好的管理效益。

在新的体育产业发展的背景下，体育场馆要建立一个以市场为导向，以经济效益为中心，企业化的管理模式，这样才符合时代发展的要求，符合现代体育产业发展的要求。

四、体育场馆运营管理的对策

（一）加强科技、经营与管理的创新

在科技日新月异的今天，体育场馆要想获得更进一步的发展就必须要加强创新，尤其是要在运营与管理方面，更新管理的理念，创新管理的模式，这样才能提升市场竞争力，在激烈的市场竞争中占据一席之地。由此可见，体育场馆的经营与管理必须要贯彻创新的基本原则，要努力实现科技、经营与管理三个方面的创新。

1. 科技的创新

在体育场馆的科技创新方面，经营者应努力做到以下几个方面的要求。

（1）打造具有国际化标准的体育场馆

在体育场馆的建设中，要努力与国际化标准看齐，各项功能要齐全，符合举办国际比赛的要求。如为迎接2008年夏季奥运会，北京就

兴建了大量的体育场馆，如鸟巢、水立方等，这些体育场馆规模都比较大，能容纳大量的观众，属于具有世界水平的体育场馆，这些场馆都具备承办奥运会、亚运会以及各单项体育大赛的能力。

当然，我国目前也有很多的体育场馆存在与国际化标准不符的现象，这一状况需要得到进一步的改善。

（2）专业化的体育设计工艺

体育赛事的不断发展，对体育场馆的建设提出了更高的要求。大部分的体育场馆开始追求体育项目的多项目组合利用以及与非体育内容的融合使用，而这样的体育场馆的建设都需要专业化的工艺设计才能实现。

与国外相比，目前我国的体育工艺设计还有所欠缺，导致有很多的体育场馆在建成后难以满足体育功能的要求，从而造成了巨大的资源浪费，这无论是对于体育赛事还是体育场馆的建设、又或是一个城市的发展都是十分不利的。当前，我国大部分的新建体育场馆都或多或少存在这样的问题，因此提升我国体育工艺设计水平就显得势在必行。

（3）现代化的设备

为符合体育赛事发展的要求，体育场馆也需要重视设备的现代化建设。以武汉体育场馆建设为例，武汉体育中心配备智能化的中央控制系统以及网络监控系统，对体育场进行全方位的控制。另外，还配有新闻中心，无线网络、电视转播等通信系统，能很好地转播各项体育赛事。

（4）多元化的功能

我国绝大部分的体育场馆都是按照体育比赛的要求进行修建的，主要考虑的是满足某一运动专项的竞赛需要，因而在功能性上来说比较单一。按照这一设计要求建设的体育场馆能保证体育赛事的顺利开展，但是在体育赛事结束后容易导致体育场馆的闲置，利用率不够高，造成资源的浪费。因此，加强体育场馆的多元化功能建设与发展是非常重要的。

在今后体育场馆的建设中要充分做好竞技体育与群众体育的结合，比赛和训练的结合，将体育场馆的一些功能向群众开放，提高体育场馆的利用率，实现经济效益与社会效益的双丰收。

体育场馆功能的多元化建设需要注意以下两个方面：第一要改变旧有的不符合时代发展的建设布局，提高多功能建设的多元化；第二要改革旧有的管理体制，革新管理的理念，从设计上下功夫。

体育场馆的建设除了要具有必需的体育功能外，还应该能够为多种经营活动创造一定的条件。如体育馆的比赛大厅，除了能够满足基本的体育比赛需求外，还可以在平时没有体育赛事期间举办一些展览或者文艺演出，这样能提高体育场馆的利用率，从而获得额外的经济收益。

关于体育场馆的设计，体育场馆的设计人员应注意以下两个方面：一方面要一馆多用，这样或许会增加一部分经济投入，但是从整体上来看，还是能够节约总投资的；另一方面是要坚持商务开发的基本理念。如我国南京奥体中心就在商务开发方面下足了功夫，体育中心设计了181个商务包厢，25个贵宾会议室，107个商务套房，不仅能满足日常办公使用，还能满足公关的需要。南京奥体中心的这方面设计值得国内其他体育场馆的借鉴。

2. 经营的创新

体育场馆经营的创新应重点注意以下三个方面的创新。

（1）树立体育场馆经营的新理念

目前，我国在一个体育场馆建设完成后，就成立一个事业单位进行管理运营，而事业单位的运行经费以及体育场馆的维护和维修费用都主要靠国家的财政拨款，这样就导致体育场馆成了政府的包袱。

但是，体育场馆的建设又是非常必要的，为了实现体育场馆建设和体育场馆维护的有机统一，在建设的初期就要摒弃体育事业“福利型”的旧观念，确立体育场馆经营的新理念。

以我国的常熟市体育中心的管理为例，该体育中心一直秉持“企业化管理、市场化运作的模式”，积极开发利用体育场馆，并积极引入了先进的管理方法，切实转变了管理的职能，实行了全面的目标管理和绩效考核，为广大的体育消费者提供了良好的服务，树立了良好的品牌形象。

（2）拓展产业经营的新渠道

为促进体育场馆的建设与发展，还要积极拓展产业经营的新渠道，实行多措并举的市场经营，促进体育健身、培训以及竞赛表演市场的蓬勃发展，并积极促进资产运营、场馆租赁以及广告等相关产业的发展，形成一个多元发展的局面，这对于体育场馆的建设与管理都是非常有利的。

同样以常熟市体育中心为例，该体育中心建立了一个高素质的工作团队，积极倡导健康的生活理念，在很大程度上吸引市民群众参与科学健身，进而扩大了体育人口，加快了产业的发展。另外，体育中心还充分利用了大型体育赛事的影响，搭建了企业宣传的平台，吸引了很多的企业以冠名、赞助等形式参与到了赛事的承办中，在很大程度上发展了赛事经济。此外，体育中心还充分挖掘与开发体育场馆的自身优势，创造了多元创收的形式，为体育场馆赢得了良好的经济效益。

（3）创新经营项目

经营项目创新也是体育场馆运营与管理水平提升的一个重要对策。以武汉体育中心为例，体育中心在体育场经营项目、体育馆经营项目、平面空间经营项目以及游泳馆经营项目等方面进行了创新，取得了不错的成效。

①体育场经营项目的创新

武汉体育中心的体育场经营项目以体育场地、看台、看台下空间以及观众疏散平台等设施为中心进行了创新。

第一，武汉体育中心的体育场地在定点的时间段向市民免费开放田径跑道。

第二，与周边的社区、公司企业或学校达成互助协议，以年租金缴费方式出租场地，并定期举办各种体育活动和比赛。

第三，举办各种体育夏、冬令营等活动，吸引学生参与。

第四，看台进行了针对性的设计，开展了啦啦队训练、鹊桥会寻宝等活动。

第五，看台下的空间通过一定的改造，用于办公、设施库房、设备用房、卫生间等功能房，通过对外出租获得了一定的经济利益。

②体育馆经营项目的创新

武汉体育中心在不影响体育比赛的前提下，对外开放了多种类型的体育馆项目。依据训练馆的实际，可以在一楼开设篮球、排球、乒乓球、羽毛球、网球、台球、棋牌、击剑、电子竞技、模拟飞行、网上冲浪等项目；在二楼开设棋牌、健身操房、器械健身、桑拿休闲、中医保健等；在商务区开设体育用品销售、会议室、餐饮、客房等。

③平面空间经营项目的创新

武汉体育中心充分利用平面空间，开设了定向越野、户外拓展、攀岩、轮滑、室外篮球场、室外网球场、室外地掷球场、室外门球场、室外足球练习场、全民健身路径、室外儿童游戏场、停车场、大型商业、文化集会、体育场灯柱广告、外地商亭等项目。

④游泳馆经营项目的创新

武汉体育中心还依托游泳馆，开设了水上项目体育竞赛、运动队训练基地、青少年体育培训基地、公务员游泳健身活动、大型造星系列活动、参观体验活动等项目。

3. 管理的创新

体育场馆管理的创新集中体现在以下三个方面。

（1）场馆设施管理体制的改革与创新

虽然我国的体育场馆设施每隔一段时间都会进行必要的改造与完善，但关于体育场馆设施管理体制的改革与创新则是少之又少，与体育场馆的现实发展情况不相符。目前，我国仍然有很多的体育场馆是体育行政部门的下属事业单位，主要由体育行政部门对体育场馆设施进行直接领导和直接管理。由于政府对体育场馆设施的过多干预，体育场馆设施的自主经营受到了很大的限制，这需要今后逐步完善。

以武汉体育中心为例，武汉体育中心已经转变成公司制的企业，实行了法人治理结构，建立了董事会和监事会，也建立了约束和奖励机制，并依据现实的情况不断对其进行完善。这是一个不错的改革举措，值得我国其他体育场馆采纳和借鉴。

（2）战略管理的制定

战略管理也是体育场馆运营与管理的重要内容。所谓的战略管理就是从长远观念来考虑问题，要有长远的利益观，在这样的观念之下，体育场馆才能获得可持续性的发展。

影响体育场馆管理的因素有很多，通常会发生短期利益与长远利益相冲突的情况。如竞赛和对外开放的矛盾、建设和配套的矛盾、场馆使用和场馆修复的矛盾、公益性和经营性的矛盾等。要解决好这些矛盾，就需要建立一个科学合理的战略管理规划，以合理地解决这些冲突或矛盾，确保体育场馆管理活动顺利地进行。

我们同样以武汉体育中心的建设与管理为例，武汉体育中心的工作人员经过多次的深入调研，并邀请多方力量，共同制定了体育中心未来的发展战略。出台了《武汉体育中心“一场两馆”运营管理思路》，初步探讨了这一问题；对于体育中心如何放下以往的尊贵，准确地对未来作出定位，体育中心出台了《武汉体育中心运营管理战略定位与战略模式研究》，初步回答了这一问题；对于如何在对外开放迫在眉睫之际向江城人民交一份满意的答卷，体育中心出台了《武汉体育中心体育设施对外开放经营方案》，提出了别具一格的设想；对于如何更好地进行房屋招租，体育中心出台了《武汉体育中心附属商业设施招商规划方案》，给出了良好的规划；对于如何运作体育中心俱乐部，体育中心出台了《武汉体育中心俱乐部经营方案》，给出了一定的经营方案等。除此之外，武汉体育中心还有其他方面的战略管理规划，这些规划的制定与实施从根本上保证了武汉体育中心管理活动的顺利运转。

综上所述，武汉体育中心建立了一个科学合理的战略管理规划，在这一战略规划的实施下，体育中心的经营管理能力得到了明显的提升，从而保证了体育场馆内各项活动的顺利开展。

（3）积极引进业务外包

业务外包也是体育场馆管理的重要手段。这一手段在以往很少在体育场馆管理中使用，如果利用得合理可以说也是一个非常大的管理创新。

业务外包的引入在一定程度上反映了体育场馆管理者理念的突变。“看‘行政部门工作安排’吃饭，事事亲力亲为，尽职尽责，将革命老黄牛的精神进行到底”[①]是我国体育场馆业长期的现状。虽然这样的工作态度并没有错，但却是小农思想的体现。业务外包讲求的是专业的人办专业的事，组织向着扁平化发展，管理向着轻型化发展，是对现代化大生产思想的体现。

因此，在体育场馆的经营与管理由“小农思想”转向“现代化大生产思想”的理念时，业务外包起了非常重要的作用。因此说，积极寻求改变，创新管理手段是体育场馆保持活力的重要途径。

（二）充分发挥政府的宏观调控功能

伴随着我国社会经济水平的不断提升，我国有了强大的经济实力来承办各种大型的体育赛事。如北京奥运会、广州亚运会，即将在2022年北京和张家口举办的冬奥会等都是典型的例子，通过这些赛事的举办，我国建设了大量的大规模的体育场馆，有力地推动了我国体育场馆业的发展。

---

① 易国庆.体育场馆的经营与管理[M].北京：人民教育出版社，2009.

发展至今，我国体育场馆业相比以往获得了突飞猛进的发展，但与国外相比仍然存在着不小的差距。为促进我国体育场馆在新时代背景下的进一步发展，我国政府及体育管理部门要审时度势，紧跟市场发展的形势，加强自身管理水平的提升，积极转变旧有的管理理念，利用创新的经营方式，促进体育场馆的现代化发展。目前，我国体育场馆拥有着良好的发展势头，我国政府部门要在资金、政策、制度上为体育场馆提供必要的支持，为广大的人民群众提供便利的服务。[①]

（三）不断拓展体育场馆的经营项目

为促进我国体育场馆的进一步发展，体育场馆的经营者应彻底转变旧有的不符合时代发展的管理理念，树立现代化的管理意识和理念，不断强化体育场馆管理者的营销观念。另外，管理者还要结合自身的实际条件制定科学的合理的营销策略，多开展一些能吸引大众眼球的促销活动，吸引人们前来参与消费，从而实现理想的经济效益。

（四）强化服务观念和管理意识

作为体育场馆的管理者，在运营与管理的过程中还要不断强化服务与管理的意识，逐步摆脱以往事业单位的工作作风和习惯，严格按照市场经济规律办事，这样才能促进体育场馆的市场化发展。通过强化体育场馆经营人员对消费者的服务意识，能为广大的消费者提供良好的服务，从而促使他们更加积极主动地投入到体育场馆消费中，创造良好的经济效益。

（五）举办公益活动，实现经济效益与社会效益的共同发展

体育场馆经营者在开展各项活动时一定要注意经济效益与社会效益的结合，不能一味地追求经济效益而忽略了社会效益，可以多开展一些慈善捐助、健康公益活动。在这样的情况下，体育场馆的知名度能获得大大的提升，能树立良好的品牌形象，这属于体育场馆的无形资产，对其今后的发展具有非常重要的意义。

---

① 刘佳.我国大型公共体育场馆经营管理现状与对策研究[D].西安体育学院，2012.

（六）加强体育场馆的人力资源建设

人才在事物发展的过程中扮演着十分重要的角色，为推动我国体育场馆的建设与发展，也需要大量的高素质的管理人才。因此加强体育场馆的人力资源建设就显得十分重要。据调查，目前我国关于体育场馆方面的管理人才比较匮乏，这应该引起相关部门的高度重视。为培养和引进大量的管理人才，体育场馆的运营管理者可以通过猎头、招聘等方式吸纳人才，也可以对现有的人员进行定期的培训，不断提升这部分人才的管理水平。另外，还可以通过建立健全的人事管理机制的方式来促进人才的合理流动，实现人才之间的交流与发展，这样能建立一个良好的人力资源体系。

（七）积极培育体育市场

发展到现在，现代传媒手段越来越多，为促进体育场馆的进一步发展，吸引人们前来参与体育消费，体育场馆的经营者应充分利用各种传媒手段展开广泛的宣传与推广。除此之外，管理者还可以联合各种健身俱乐部、体育协会等开展各种体育交流活动，引导人们进行健康的体育消费。通过这些手段的利用，体育场馆市场就能得到有效的开发。

（八）吸引商业赞助，开发无形资产

虽然通过多年来的努力，我国的体育场馆建设获得了长足的发展，但总体而言还是存在不少的问题。尤其是在吸引企业赞助以及体育场馆的无形资产开发方面还存在不少的问题。为改变这一状况，体育场馆的管理者应当努力开发或注册体育场馆的无形资产，如冠名权、场馆品牌、运营手册、专利技术等，在使用的过程中进行整合与包装，吸引企业投资，以提高场馆无形资产的利用率。①

除此之外，体育场馆管理者还应充分利用国家制定的产业政策，吸纳大量的社会企业或民营企业加入其中对体育场馆进行投资，这样能为体育场馆创造良好的经济条件，从而获得可持续发展。

① 刘佳.我国大型公共体育场馆经营管理现状与对策研究[D].西安体育学院，2012.

第二节　体育场馆的环境管理

体育场馆要想获得健康持续的发展，必须要加强环境的建设与管理，这是一个非常重要的方面。体育场馆的环境建设与管理主要包括内部环境、外部环境以及绿化管理等几个方面。这几个方面的管理非常重要，体育场馆的管理者一定要引起高度重视。

一、体育场馆内外环境的管理

（一）体育场馆的内环境管理

1. 体育场馆内环境管理的要求

体育场馆对内环境的建设与管理有着非常高的要求，这些要求集中体现在以下两个方面。

一方面，体育场馆的建设与管理要严格遵循国家制定的法律法规进行，如《公共场所卫生管理条例》就是其中一项非常重要的法规，体育场馆管理不能违反法规行事，否则就要受到一定的惩罚。

另一方面，体育场馆的建设与管理还要符合国家制定的相关标准，如国家部门制定的环境标准和体育场所建设的技术要求等，如果不符合这些标准，就会被国家部门责令整改。

2. 体育场馆内环境管理的内容与实施

体育场馆在性质、规模和使用方式等方面是不同的，因此具体的管理内容与实施也应体现出不同。一般情况下，对于中小型体育场馆而言，一般不独立设置环境管理部门，安保、消防、卫生等相关部门结合在一起共同参与体育场馆的建设与管理，这一方式有利也有弊，需要体育场馆的管理者做好权衡，保证体育场馆能获得健康有序的发展。

（二）体育场馆的外环境管理

1. 体育场馆外环境管理的要求

体育场馆的外环境管理主要提倡节能环保和绿色低碳，这是最为重要的两个方面。这两个方面的要求主要体现在体育场馆设施的安装与维护中。通过这两个方面的建设，体育场馆各项设施和设备都能得到很好的维护。

2. 体育场馆外环境管理的内容与实施

（1）体育场馆的规划与布局要注意周围的绿色植被、山川河流等不受到破坏，要维护好这些自然资源本来的面貌。

（2）体育场馆的规划选址要与城市公共交通相配套，如此能有效降低自然能源的消耗，有利于消除大量的大气污染，建设美好的自然环境。

（3）在保证体育活动或体育比赛正常开展的情况下，体育场馆建筑结构的设计要体现简洁性与实用性，要注意造型还要注意是否实用。

（4）在设计建筑功能时，要注意与实用性相结合。

（5）电子设备的采用要注意合理性，能耗低的照明、暖通、音响等都是不错的选择。

（6）要尽可能选择易降解、再循环的建筑材料，室内建筑的安装要符合环保的要求。

（7）体育场馆内看台和座位的设置要本着节省空间和空高的原则进行，要合理利用每一寸面积。

（8）体育场馆的设计还要注意污染物的产生和排放，做好废水的净化处理工作，确保自然环境不受到破坏。

二、体育场馆的绿化管理

（一）体育场馆绿化管理的工作目标

体育场馆有多种多样的职能，其中为人们提供健身的场所和改善人们的居住环境是两个非常重要的方面。体育场馆的管理者需要采用各种手段努力改进居民的健身设施，绿化环境，为人们参与体育健身提供良好的场所。在今后的建设与管理中，管理者要非常注重体育场馆的绿化管理，保证体育场馆内有良好的园林设施和植物覆盖，这是体育场馆绿化管理的重要目标。

（二）体育场馆绿化管理机构的设立

一般来说，体育场馆的绿化工作主要包括施工与养护两个阶段，这两个阶段的工作都非常重要，缺一不可。

施工阶段：这一阶段的管理主要采用项目经理负责制，下设技术负责人、园林绿化工程师、安全员，以及若干绿化班组和绿化养护操作工，绿化工、花卉工、电工等。通过这些工作人员的共同努力，为体育场馆的建设提供良好的保障。

养护阶段：体育场馆在建成之后就需要进行必要的养护，这样才能保证体育场馆健康顺利地运转。体育场馆的管理者要建立专门的保养组，采取具有针对性的措施和手段加强体育场馆设施、设备等的保养。

（三）体育场馆绿化养护的主要内容

体育场馆的绿化养护也是一项非常重要的内容，这一方面的工作主要包括：体育场馆区域内绿化植物的浇水、施肥、病虫害防治、修枝整形、日常时令花卉摆设、节日活动盆花摆设、绿地内垃圾清运以及协助卫生管理部门对体育场馆范围内的水池、溪涧进行清洗等。在进行以上工作时，需要事先制定一个科学的标准和规范，让工作人员充分遵守这些规范，这样才能取得理想的体育场馆养护效果。

（四）体育场馆各项绿化管理的措施及落实

制定了相关的管理规范后，工作人员要严格贯彻与落实绿化管理的各项规范，其中养护巡查管理和应急措施的落实是非常重要的两个方面。

1. 养护巡查管理措施及落实

（1）体育场馆的管理者要安排专门的技术人员做好全面的保养保洁工作，保证体育场馆的绿化养护达到规定的标准。

（2）制定严格的每日检查制度，针对体育场馆绿化管理中的各个问题进行有针对性的检查和调整。

（3）以体育场馆绿化范围为主要依据，实行专人负责制，每天由现场主管统一调配安排工作，保证体育场馆的绿化管理工作顺利地进行。

2. 应急反应措施及落实

（1）为了及时解决某些绿化方面的问题，需要成立一个应急反应小组，小组内要配备专业的精干人员，实时监控体育场馆的各项内容。

（2）天气条件会对体育场馆的绿化工作产生至关重要的影响，因此一定要做好户外的施工工作以及检查和预防加固措施。在恶劣的天气结束后，做好充分的检查，及时更换受损的树木和草坪等。

（3）制定必要的冬季与雨季养护方案，提前准备好冬季、雨季的施工材料和防雨、防滑物品等。

三、体育场馆的环境文化教育

环境文化教育也属于体育场馆环境管理的一项重要内容，作为体育场馆的管理人员，一定要做好这方面的工作。

（一）环境文化教育的概念

环境文化，是特定时期和地域条件下的人关于人与自然关系所形成的特定的行为模式、习俗、习惯、价值观念、语言符号等的复合体。其核心是环境价值观念，表现为人们的环境行为方式、风俗习惯，而以一定环境文化语言符号和知识系统为其承载体。[①]

随着体育事业的高度发展，各种类型和规模的体育赛事层出不穷，有一部分观赛者在观赛期间会随地乱扔果皮纸屑，久而久之就成了一种习惯，这说明这部分人普遍缺乏环境价值观念。如果这种行为不能得到及时的制止，就会对周围人群产生不良的示范和影响，从而形成一种恶性循环。如果具有良好的环境价值观念，就能感染自己周围的每一个人，从而保证体育场馆环境的建设与发展。

为保证环境文化教育工作的顺利开展，管理者可以重点考虑从以下两个方面着手。

一方面，体育场馆的管理者和工作人员要努力提升自身的专业知识，提高自己的业务水平，理解与掌握体育场馆文化环境的价值观念。

另一方面，积极开展各种活动吸引大众参与，帮助人们建立和形成正确的体育场馆文化环境意识。

---

① 殷有敢.论环境文化教育[J].环境教育,2008（04）：66-67.

（二）体育场馆环境文化教育的内容

体育场馆的环境文化教育主要包括以下两个方面的内容。

1. 树立环境价值观念

（1）管理者的环境意识

作为体育场馆的管理者理应要具备正确的环境价值观念，这样才能引导受众更好地参与到体育场馆消费之中。除此之外，具备了良好的环境价值观念，还能在一定程度上降低体育场馆的运营成本，合理有效地组织工作人员开展环境维护工作，保证体育场馆各项工作的顺利进行。

（2）全员要树立体育场馆的环境意识

作为体育场馆的管理者要做到以身作则，以实际行动加入到体育场馆的环境治理工作中，这能对广大的体育消费者产生潜移默化的影响。因此，体育场馆的所有工作人员要努力做好自身的各项工作，为广大的体育消费者做好良好的示范。

2. 引导正确的环境意识导向

（1）营造舒适洁净的场馆环境

在体育场馆环境管理中，环境文化教育主要是通过良好的物质条件去影响人们的文化素质，然后再通过文化素质改善原先的物质条件，从而形成一个良性循环。①

调查发现，人在干净整洁的环境中会自觉地按照文明的方式行事，收敛那些不文明举动。而一个杂乱污秽的环境则会使人们有破坏环境的冲动。因此，创造一个舒适洁净的场馆环境是非常重要的，这能向广大的消费者传递保护场馆环境的信息。

（2）提供便捷的废弃物收纳途径

在体育场馆环境建设中，要设置合适的垃圾桶，不能过多或过少，过多不仅会占用消防通道而带来一定的安全隐患，还会增加不必要的成本。过少则容易导致废物回收出现问题。因此，体育场馆管理者一定要根据场馆的具体实际合理设置垃圾桶或者废旧物品回收点。

（3）灵活多样的提醒和提示

为保证体育场馆各项工作的顺利进行，还要充分利用体育场馆的

---

① 谭建湘，霍建新等.体育场馆经营与管理导论[M].北京：高等教育出版社，2014.

各种宣传展示平台做好场馆环境的宣传工作，在公共区域设立醒目的指引牌；告知观众最近的洗手间、吸烟室、垃圾桶等设施，对于违反环境的行为给予一定的警告和处罚。这样才能保证体育场馆环境工作的顺利进行，营造一个良好的环境。

（4）大胆对不文明行为说“不”

在体育场馆内经常会出现一些不文明行为，在遇到这一情况时，体育场馆的工作人员要给予一定的警示和干预，当然要采取温和的方式进行礼貌地提醒，以免发生不必要的冲突。但发生严重的危害环境的事故时，应该请警务人员介入，维护体育场馆良好的秩序。

第三节 体育场馆的卫生防卫管理

体育场馆的卫生防卫管理工作也非常重要，作为体育场馆的管理人员一定要将这一方面的工作作为平时管理活动中的重要内容来抓。

一、体育场馆的卫生管理

（一）体育场馆卫生服务目标

一般情况下，大型体育场馆是由一系列的体育竞赛及群体活动项目设施组合而成所形成的环境。这些体育场馆不仅能举办各种体育赛事，还能为广大的人民群众提供良好的健身场所。

与一般的卫生管理不同，体育场馆的卫生管理工作相对来说较为复杂，这是因为体育赛事活动的规模通常较大，参与人员众多。因此，这就要求以不同的活动形式、活动内容和活动规模为主要依据，来配备充足的人力资源。同时还要制定科学的卫生应急预案，为体育场馆提供良好的卫生服务。

（二）体育场馆卫生服务机构的设置

1. 体育场馆卫生服务机构的设置原则

体育场馆卫生服务机构的设置需要遵循以下几个方面的原则。

第一，遵循精干高效、一专多能的基本原则，如物业管理处实行主任负责制，物业公司对体育场馆的各项工作进行必要的监督和指导。

第二，物业管理处要接受上级部门的服务质量检查和监督，并接受业务部门的相关指导。

第三，体育场馆卫生清洁管理处要充分履行物业管理合同中规定的权利、义务和责任，严格履行事先制定的各项规章制度。

2. 体育场馆卫生服务机构的设置

一般来说，体育场馆卫生清洁管理处主要下设客户服务部和卫生清洁部两个部门，这两个部门各司其职，确保体育场馆卫生服务工作的顺利开展。

（1）客户服务部及其职责

一般情况下，客户服务部的主要职责有以下内容。

第一，处理、协调物业管理的日常事务。

第二，监督体育场馆各部门的日常工作。

第三，与体育场馆各部门进行必要的沟通和回访。

第四，协调体育场馆各部门的管理工作（图5–1）。

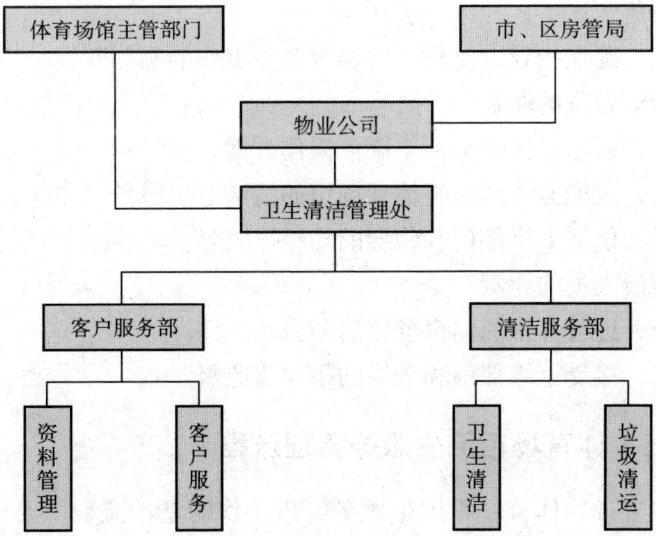

图5–1

除此之外，体育场馆卫生清洁管理处各部门还设二级管理层次，其目的在于提高各部门管理的效率。体育场馆各部门分工合作，相互协调、相互监督，共同推动着卫生管理工作的顺利开展。以在卫生清洁管理处的清洁服务部为例，各场馆的清洁领班对清洁主管负责（图5–2）；而从纵向上来看，操作员工对领班负责，领班对主管负责。这种个人责任制能保证体育场馆卫生服务管理工作的顺利开展。

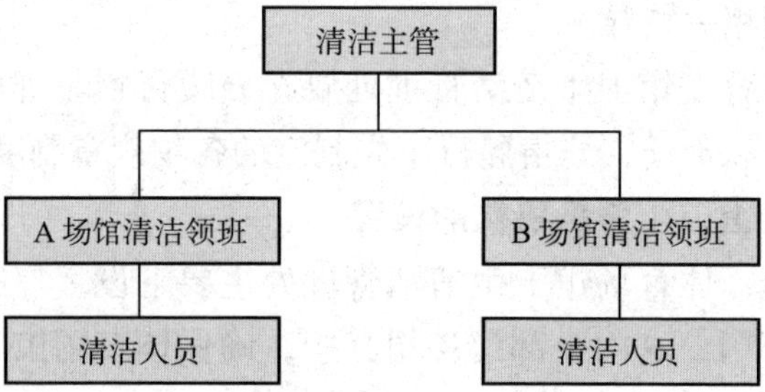

图5–2

（2）清洁服务部及其职责

体育场馆清洁服务部的工作人员主要有以下不同的职责。

①清洁主管的职责

第一，全面负责体育场馆的卫生清洁管理工作。

第二，策划体育场馆的卫生清洁管理方案，确保各项清洁工作得以贯彻与落实。

第三，确保指导、监督、协调等各项工作的顺利开展。

②清洁领班的职责

第一，制定具体的清洁、服务操作方案。

第二，定期监督和检查体育场馆的清洁卫生服务工作。

第三，接受上级部门和领导的指导与监督。

③清洁人员的职责

第一，进行日常的体育场馆清洁服务工作。

第二，接受上级部门和领导的指导与监督。

（三）体育场馆卫生服务管理流程

一般来说，体育场馆卫生服务管理工作的基本流程主要包括以下几个方面。

第一，制定完善的清洁管理制度。

第二，下发制定好的清洁管理制度，清洁领班带领清洁人员进行学习，并在工作中严格的遵循。

第三，清洁班组的清洁工作要严格按照管理制度进行，否则就要受到一定的惩罚。

第四，清洁班组对清洁工作开展自检活动，只有自检合格了才能进入下一个工作环节。这一项工作的主要目的在于改进工作。

第五，清洁人员接受上级领导的监督，逐步改进自己的工作。

第六，清洁班组要以体育场馆提出的建议为依据，进一步改进清洁工作。

第七，总结清洁工作的经验，逐步完善清洁管理制度，组织员工学习新的规章制度。

（四）质量保证体系与措施

体育场馆卫生质量保证体系的建设一般主要包括以下几个方面的内容和环节。

1. 选派合适的质量保证负责人

通常情况下，主要是要求相关人员持有物业管理师证书，具备较强的文字和口头表达能力，以及组织协调能力等。同时还要求工作人员具备从事物业管理工作的经验。

2. 确立及落实卫生服务管理规范

体育场馆的卫生服务管理规范主要包括以下几个方面的内容。

（1）规范流程

第一，建立档案管理流程。

第二，建立信息反馈流程。

第三，建立巡查流程。

第四，建立物料控制流程。

第五，建立服务投诉处理及回访流程。

第六，建立服务语言流程。

以上几个流程的建立非常重要，体育场馆的卫生管理人员一定要规范这一流程，确保各个环节工作的正常开展。

（2）人员规章制度

第一，制定合理的管理人员管理制度。

第二，制定合理的清洁服务人员规章制度。

（3）工作要求

第一，制定合理的管理人员服务规范和考核标准。

第二，确定合理的保洁服务范围。

第三，制定严格的卫生清洁保洁标准。

（4）管理工作的落实

第一，重视员工的培训工作，主要包括岗前培训、岗位培训及其他方面的考核工作。

第二，重视日常保洁服务，主要包括保洁工具的使用、清洁操作要求、清洁标准等内容。

第三，合理应对各级各类检查，填写好《每日工作检查表》《物业巡检表》《管理处工作周检表》等，如果发现不合格的服务要对其进行必要的惩罚。

3. 员工培训

一般来说，体育场馆员工的培训工作主要包括入职培训和在职培训两个方面。

入职培训主要针对的是新员工，通过这一方面的培训工作，能够使新员工熟悉公司的规章制度和劳动人事政策，掌握岗位工作的具体要求。

在职培训主要包括内部岗位培训、外送专业培训和在职自学培训三种形式。常见的培训内容主要有技能培训，新技术、新设备培训以及实操演练等。通过这三种形式的培训，能有效提升在职员工的业务能力。

4. 客户服务、意见咨询及投诉处理

体育场馆的客户服务工作并不是杂乱无章的，而是要有严格的流程。这一方面的服务内容主要有突发应急事件、24小时客户服务、投诉处理等，通过以上服务内容，体育场馆能够与各种社会机构进行良好的沟通与交流，实现公共关系的协调发展。

除此之外，体育场馆经营者还要认真听取服务投诉意见，认真面对每一项投诉，逐步提升业主的满意度，这样才能保证体育场馆各项活动的顺利进行。

5. 突发事件应急处理

在体育场馆建设与管理中，时常会发生一些紧急事故，因此设置专项应急小组是非常有必要的。应急小组能通过自己快速的行动和丰富的经验来应对突发事件，从而确保体育场馆各项工作的顺利开展。

二、体育场馆的安全防卫管理

（一）体育场馆安全防卫管理的概念

1. 体育场馆

体育场馆主要是指由国家投资或筹集社会资金修建的，用于开展社会体育活动、运动员训练竞赛等体育活动的场所。

2. 管理

管理就是指在社会组织中，为实现预期目标，以人为中心进行的各种协调活动。

3. 安全防卫管理

在体育场馆建设与管理中，进行安全防卫管理的主要目的在于保证对象处于一个最佳安全状态。这一管理内容主要包括安全组织管理、场地与设施管理、行为控制和安全技术管理等四个方面。这四个方面都非常重要，缺一不可。

4. 体育场馆安全防卫管理

综合以上几个方面的概念，我们可以将体育场馆安全防卫管理的概念概括为：在体育场馆运营管理过程中，体育场馆的组织管理者为了防止和消除伤亡事故，保障运动员、观众的安全以及场馆设施和赛事正常有序运行而采取的安全防护措施。

（二）我国体育场馆安全防卫中存在的问题

目前，我国的公共安全防卫管理还存在不少问题，如没有建立一个完善的危机应对管理机构；安全防卫管理体制相对分散等。体育场馆的安全防卫管理也是如此。具体而言，我国体育场馆的安全防卫工作主要存在以下问题。

1. 安全防卫的基础设施较为薄弱

发展到现在，我国众多的体育场馆设施仍旧没有形成一个统一和规范的安全防卫标准，缺乏危机预防意识，也比较欠缺应急基础设施，应急硬件基础建设存在严重不足。

2. 缺乏有效的指挥协调机制

目前，我国还没有形成一个全国性的公共危机应急系统，缺乏完善的危机管理协调机制。在危机事件发生时，不同部门间难以协调，导致各项应急处理工作不能顺利地开展。

一般来说，我国在举办大型国际体育赛事时，往往都会设有专门的指挥协调机构。但是，即便如此，由于决策程序复杂、反应时间慢，部门整合程度低、协调能力差，不同部门的人员彼此缺乏了解和沟通等原因，难以形成一个有机的决策指挥整体。这就导致出现应急事件时难以快速有效地进行针对性的处理。

3. 没有建立一个完善的危机预警体系

发展到现在，我国已基本建立了一个应对自然灾害和应对突发社会安全事件的预警体系，但是仍然还不够完善。尤其是在危机预防机制、危机应对基础物资准备、危机应对预案等方面比较欠缺。这几个方面都亟须解决。

4. 媒体协调机制较为落后

体育场馆的安全防卫工作较为复杂，在发生危机事件时，民众通常会产生一定的恐慌，这是非常正常的现象。究其原因，主要是由于公众对危机的恐惧和急于了解危机事件真相的心理。因此，如果在这时候采取封锁消息的方式，反而会起到相反的作用，而建立一个公开、顺畅、权威的沟通渠道则有利于处置危机事件，对民众进行正确、适当的引导，创造一个良好的舆论环境，能有效解决危机事件。但是目前我国的媒体协调机制较为落后，不利于危机事件的处理，这一方面要引起高度重视。

5. 公众危机教育的开展缺失程度较大

一般来说，公众的危机意识和应对突发危机的能力对于体育场馆的管理而言非常重要。但由于我国“报喜不报忧”的文化传统，人们非常缺乏理性客观的精神，在发生危机事件时，很多人通常采取回避的态度。受此影响，我国大型体育赛事的主办方对观众所实行的往往是禁行、禁令，缺乏必要的疏导工作，从而导致各种安全问题。

（三）体育场馆安全防卫管理的发展趋势

近些年来，科学技术获得了突飞猛进的发展，各种物联网技术在各个领域都得到了广泛的应用。如新兴的智能IT技术就在体育场馆安全防卫管理中应用得越来越频繁。可以说，智能化是体育场馆安全防卫管理的一个重要趋势。除此之外，还有其他几个方面的趋势，下面做简单的阐述。

1. 体育场馆智能化趋势越来越显著

伴随着现代科学技术的发展和进步，现代体育场馆中也越来越多地应用了许多新产品、新技术，这就能够为体育竞赛和大众体育活动提供更好的服务。

体育场馆的智能化系统工程通常可以分为智能监控系统、通信网络系统、场馆服务系统、应用信息系统四个部分。每一个部分都有各自的特点和职能，这就要求体育场馆管理者注意每一个方面的职能，加强体育场馆的安全管理。

2. 由被动防御逐渐转变为主动防范

体育场馆中举办的各项赛事或活动呈现出大空间、大主体、人员聚集、时间集中等特点。因此，这就对体育场馆的安全防卫提出了更高的要求，其中，要求最高的当属对人和物的防范，除此之外，从被动防御转向主动的防范在安全防卫系统建设中的作用也越来越显著，这需要引起体育场馆管理者的高度重视。

3. 物联网技术下的智能化安全防卫系统

如今，物联网技术在体育场馆安全防卫中得到了广泛的应用，体育场馆中智能化子系统与体育场馆的智能化监控中心之间进行联网，信息共享，由体育场馆的智能监控中心统一指挥调度，从而使信息共享和数据高度的集成得以实现，这就为体育场馆的顺利运转奠定了良好的基础，能保证体育场馆内各项活动的顺利进行。

（四）体育场馆安全防卫管理的主要措施

构建一个健全和完善的危机预防体系对于体育场馆的安全管理而言具有非常重要的意义。因此，只有做好安全防卫管理，才能在发生危机事件时很好的应对。总的来说，针对体育场馆安全防卫中存在的问题，体育场馆安全防卫管理必须优化管理成效，不断提高管理的效率。除此之外，还要坚持以危机应对的硬件设施准备建设为基础，以危机处置的机制和预案准备为核心，以危机处置的组织和机构准备为前提，以危机应对的人力资源准备为依托和保障，这样才能科学合理地应对与处理将来可能发生的危机。[①]

为保证体育场馆各项工作的顺利开展，我们应做好体育场馆安全防卫管理的应对措施，一般情况下主要包括以下几个方面。

1. 建立合理的危机处置组织和机构

为保证危机处理的合理性和科学性，就要求体育场馆的拥有方与大型赛事主办方联合起来，在赛事举行之前的准备期间，预先以场馆和赛事本身的特点和需要为主要依据，建立应对各类危机的组织机构。一般来说，这类组织机构体系应将指挥协调机构、现场应对组织、媒体协调机构等机构纳入其中（图5–3）。

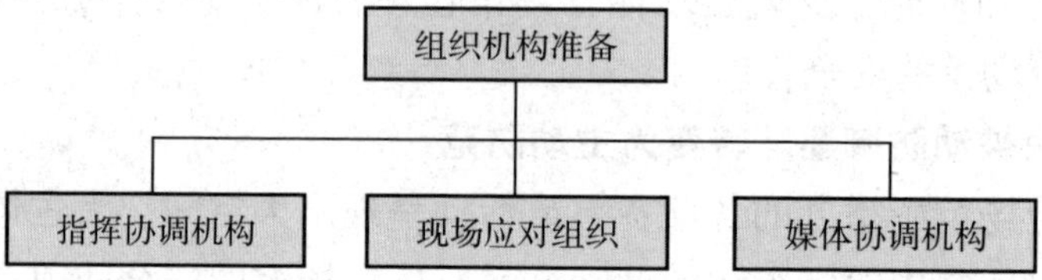

图5–3

以上几个组织机构都有其各自的特点和功能，这具体体现在以下几个方面。

（1）指挥协调机构

体育场馆的指挥协调机构应满足以下几个方面的要求。

第一，具有强大的综合协调能力，对整个危机应对机构体系的指挥调动、信息交换处理、过程控制等功能负责。

第二，要对体育场馆和比赛中多元化、立体化、网络化的各种危机防范资源和力量进行有效的指挥和调度。

第三，要严格遵循精简、高效、层级少的基本原则，指挥和协调不同部门和机构的工作，确保各项活动顺利进行。

（2）现场应对组织

体育场馆安全防卫的现场应对组织主要有以下几种类型，各类型的职能如下所述。

①现场便衣安保人员组织及其职能

在体育场馆内安排大量的训练有素的现场便衣安保人员，能够反

① 谭华. 大型国际赛事危机预防对策初探[D].上海交通大学,2008.

应最迅速、最灵活、最低调地处理赛场内、住地、交通路线等场所突发事件，从而有效避免各种危机事故。

②反恐特种部队及其职能

组建反恐部队对于大型体育赛事而言是非常重要的也是尤为必要的，像奥运会这种大型的运动会肯定要组建反恐特种部队，这些部队主要是执行反劫持、反爆炸、反袭击等安保反恐防暴任务。

③消防、医疗、反生化、反核小组及其职能

为确保体育场馆内各项活动的安全，还需要建立消防、医疗、反生化、反核小组，这些小组的主要职责在于及时应对和处理场馆内和比赛中可能发生的火灾，运动员、观众受伤、突发急性病症，维护现场人员的安全。

④现场周边应急待命力量及其职能

现场周边应急待命力量的主要职能在于处理场馆和比赛中可能出现的观众大规模秩序失控，甚至是骚乱、暴动等情况。

⑤志愿者和工作人员及其职能

志愿者和工作人员的主要职能在于发现危机、合理的应对危机和处理危机。

（3）媒体协调机构

一般来说，媒体协调机构的作用主要表现在对危机的预防和化解方面。在赛事举行之前，将公开、顺畅、权威的媒体协调机构预先建立起来，对赛事新闻发布、媒体关系协调等工作负责。在危机发生时，媒体协调机构不仅能够及时而有效地确保信息发布的主动权，还要塑造良好的赛事信息形象，避免观众产生恐慌现象。

2. 建立危机处置机制和预案准备

在体育场馆的安全防卫管理中，建立危机处置机制和预案是尤为重要的，这一机构的运作内容主要包括两个方面：一方面是组织机构个体本身的运作，另一方面是各类组织机构要在一定的框架内互相配合、互相作用，形成一个协调完备的系统，从而实现安全防卫管理的目标。

总体而言，体育场馆的安全机制预案应包括：危机应对的决策机制、信息沟通协调机制、危机预警评估机制、不同类型危机的应对预案准备等内容（图5–4）。其中，指挥决策机制，指令传递机制，信息协调、交换、反馈机制，信息综合分析机制，紧急情况信息报告机制等属于指挥协调机制的范畴。

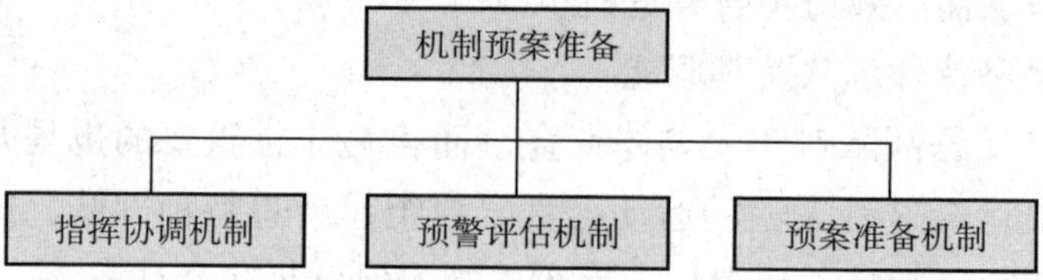

图5-4

3. 危机应对的硬件设施准备

在体育场馆的安全防卫管理中，应对各种危机灾害时，需要做好以下三个方面的工作，即比赛场馆应急场所的土木建设，安保硬件设施的采购安装、预警侦测和应急救援设备器材的采购、储备、部署、调试，急救人员所需食品药物的调拨准备等（图5-5）。

以上每一个方面的工作都有各自的职能。其中，场馆应急设施建设所涉及的工作职能主要有两个方面。一方面，场馆及配套设施的安全防范设计，需要做好的工作主要为应对各类事故、灾害、危机等情况的安保技术和管理手段的有效投入及备灾能力建设。另一方面，强化场馆的安全减灾能力，要做好安全防灾与危机防范的综合化设计工作，建立一个场馆危机处置的安全系统，并保证这一系统的顺利运转。①

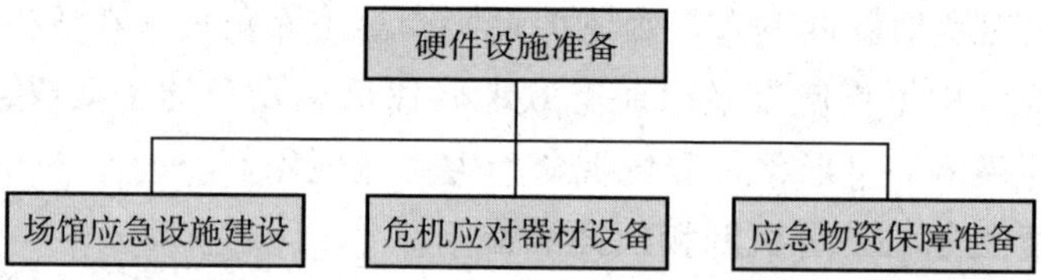

图5-5

4. 危机应对的人力资源准备

“人”这一要素在事物的发展中扮演着十分重要的角色，对于体育场馆的安全管理而言也是如此。因此，一定要加强体育场馆的人力资源建设与管理。在赛事的各类组织准备、机制准备、设施准备都较为完善的条件下，要想更好地应对危机，并且化解危机，其中所起到的

① 谭华. 大型国际赛事危机预防对策初探[D].上海交通大学,2008.

关键性的因素就是各个岗位上的人员的岗位责任意识、专业素质、应对危机事件的能力。

为保证体育场馆安全管理工作的顺利开展，就必须要进一步提高人力资源的综合素质，提高人力资源综合素质的手段主要有两个方面：一方面，是系统化的专业培训；另一方面，是反复多次的模拟演练（图5-6）。除此之外，还可以对人力资源进行公众风险防范和应急教育，要根据实际情况合理的选择这些手段或方法。

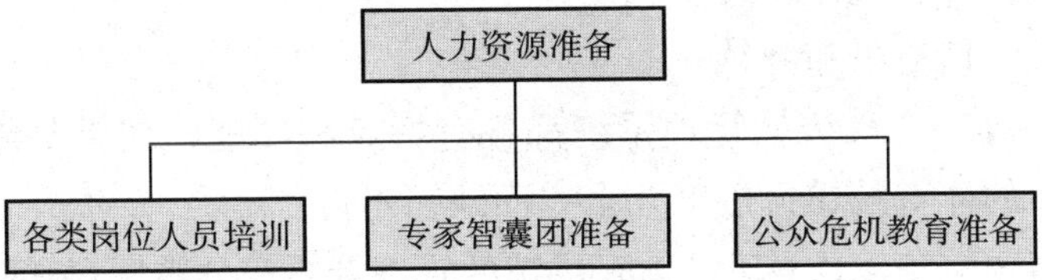

图5-6

第四节　体育场馆的信息化管理

信息化是体育场馆现代化建设的重要内容和组成部分。发展到现在，各种信息化技术在体育场馆中得到了广泛的应用，加强体育场馆的信息化建设与管理对于体育场馆的科学发展具有非常重要的意义和作用。

关于体育场馆的信息化管理，体育场馆的工作人员一定要及时更新观念，树立现代化的管理理念，掌握现代化的信息技术，保证各项信息化管理工作顺利地进行。

一、体育场馆信息化管理系统架构

伴随着现代科学技术的飞速发展，体育场馆的信息化管理趋势也越来越显著，因此，建立一个体育场馆的信息化服务体系势在必行。为打造一个完善的信息化服务体系，体育场馆的经营者要动员与整合各类社会力量，充分利用好场馆设施和健身人群两大优势资源，促进体育场馆经营服务目标的实现。

为促进体育场馆的信息化建设，首先就要建立一个完善的信息化管理系统构架，这一系统构架分为以下五个层级。

第一，体育场馆和体育项目两大产业资源。

第二，多媒体电信金融运营商等基础支撑体系。

第三，信息收集、处理和存储系统。

第四，综合应用系统。

第五，信息发布系统。

以上每一个层级的管理系统都各有特点和功能，如果要建设一个功能完善的体育场馆，以上几个方面缺一不可。

在当今信息化背景下，体育场馆的管理者要充分掌握互联网技术和手段，体现出平台网络化运营的规模价值，促进体育场馆的信息化建设。

二、体育场馆信息化管理系统的功能

下面主要以体育场馆健身卡管理系统的应用功能为例分析体育场馆信息化管理系统的主要功能。

（一）场馆信息服务平台及其功能

场馆信息服务平台，主要是指体育场馆公益性开放和对健身人群服务的平台。这一平台的主要功能为：赛事宣传与推广、赛事场地预订、工作人员培训以及其他个性化服务等。

（二）一卡通信息管理平台及其功能

一卡通健身会员服务是当今体育场馆信息化管理的重要手段。这一手段的主要功能为汇集信息管理的各项数据，为提供良好的一卡通服务提供重要的支持。

（三）场馆网络化运营平台及其功能

体育场馆的网络化平台非常重要，这一平台的主要功能为通过健身卡的发行和各个场馆一卡通管理系统的接入，来使体育赛事及专业教学训练得到有力的保障，同时，还能满足广大的健身人群的健身需求。

（四）为政府决策支持的综合信息服务平台及其功能

政府支持是体育场馆信息化服务平台建设的重要保障。如今政府对公共体育场馆的监管方法得到了有效的改进和完善，这主要得益于体育场馆一卡通运营管理手段的运用。

综上所述，体育场馆信息化管理系统开发的主要目的在于建设一套综合信息化管理平台，通过这一平台的利用，体育场馆能实现良好的市场化运营，能为广大的体育赛事爱好者提供良好的场馆环境，这对于体育场馆的建设与发展无疑是非常有帮助的。

三、体育场馆信息化管理系统的建设

体育场馆的信息化管理系统主要分为“信息化”和“管理”两个部分。管理科学与信息化技术相互作用相互渗透，是体育场馆信息化管理系统的本质所在。在体育场馆管理系统中应用信息化技术，对于为全民健身全方位的管理服务的创建起到了非常积极的作用。信息化管理系统所涵盖的范围主要有“信息、系统、用户、资源”，其不仅能使体育场馆效率、效益和管理效果得到有效的提升，还能进一步提升体育场馆的市场竞争力。

体育场馆的信息化建设能促使体育场馆之间经营信息的互通互联、场馆群与行业主管部门之间的信息收集和指令下达以及开放场馆和健身大众之间的互动支持服务率先实现，同时，信息互通、协同工作的功能也将得到有效地实现。因此，作为体育场馆的管理者一定要非常重视体育场馆的信息化建设，逐步提升自身的信息化管理水平。

（一）构建全民健身一卡通系统

总体而言，“全民健身一卡通系统”主要包括区域健身卡管理中心、体育场馆数据采集系统、健身大众、合作银行等几个方面。这一系统主要是为信息化体育场馆建设而服务，属于体育场馆信息化管理的重要内容和组成部分。

（二）构建健身卡管理中心系统

健身卡管理中心系统是非常重要的一个环节和内容。其中结算系统、密钥管理及其安全认证系统是总系统中的关键子系统。体育场馆的管理人员一定要高度重视这一系统的建设与管理。

1. 健身卡管理中心系统的构成

健身卡管理系统中的管理中心的构成因素主要有结算中心、安全认证中心、发卡中心、GIS中心、服务中心、数据中心、决策支持中心等方面。

（1）数据中心：采用不同的系统，数据中心的构成和功能也会有所差别。比如，采用双机热备份系统，至少采用小型机服务器，由两台相同配置的服务器、一台磁盘阵列柜组成；而采用系统并行运行方式，通过集群软件的强大功能的充分利用，再辅以并行数据库软件，就能够使数据库服务器双机并行操作得以有效实现。数据库软件同时在两台管理中心服务器上运行，所有的健身消费交易数据全部存储于双机热备份中。

（2）发卡中心：主要包括发卡管理、充值管理、查询报表等内容。

（3）安全认证中心：主要包括密钥管理、证书认证、注册审核等内容。

（4）结算中心：主要包括健身卡管理、财务交易、查询报表、维护管理等几个方面。

（5）决策支持中心：主要是进行政府规划决策分析和场馆经营决策分析等工作内容。

（6）服务中心：主要包括场馆预订、体质监测、赛事宣传等工作内容。

（7）GIS中心：主要包括GIS服务器、GIS工作站等方面的工作内容。

2. 健身卡管理中心系统的功能

（1）全民健身消费数据信息收集功能

这一功能对于体育场馆的管理工作而言非常重要，能为管理人员提供比较全面的数据。其功能主要体现在以下两个方面。

一方面，管理中心通过网络技术手段的利用来记录全民健身消费数据，为后续的管理提供必要的依据。

另一方面，利用先进的数据采集软件收集与分析相关信息。

（2）健身卡参数管理功能

这一方面的功能主要是对健身卡的销售、充值、挂失、解挂、注销、过期进行管理。

（3）密钥及安全认证管理功能

这一方面的功能主要体现在以下几个方面。

第一，提供密钥管理服务，其中，向授权管理部门提供紧急情况下的特殊密钥恢复功能就是一种较为重要的方面。

第二，满足安全证书签发、证书管理和证书服务的需求。

第三，管理用户资料，并为用户提供相关的服务。

（4）健身消费数据信息显示、查询、检索功能

管理中心能够查询、检索、显示和打印体育场馆（俱乐部）完成日（月、年）各种管理报表、系统参数、系统日志等信息，为管理人员提供翔实的数据。

（5）场馆消费资源规划管理功能

保证体育场馆各项消费管理业务的实现，为体育场馆的经营决策提供必要的数据支持，便于管理人员进行管理、规划和协调，保证体育场馆管理活动的顺利进行。

（6）场馆位置查询功能

管理中心通过场馆地理信息的存储管理功能的实现，来为用户提供场馆位置查询、出行线路引导等相关的服务。

（7）互联网访问功能

一般来说，体育场馆管理中心的互联网访问功能主要体现在以下两个方面。

一方面，体育场馆管理中心利用网络发布健身消费数据，通过互联网访问该数据资源，消费者可以进行相关的信息查询。

另一方面，监测会员体质，进行体育赛事的宣传与推广工作等。管理中心汇总数据，通过移动介质转出后，再传递到该系统中。

第六章
体育赛事人力资源管理研究

体育赛事人力资源是体育赛事顺利举办和成功运作的基础，为实现体育赛事的运作目标而提供重要服务。对体育赛事人力资源进行管理，有助于提高体育赛事人力资源的招聘效率、培养水平以及使用效率，从而进一步充实与优化体育赛事人才队伍，为体育赛事的可持续健康发展提供基础保障。本章主要就体育赛事人力资源管理展开研究，首先阐述体育赛事人力资源的基础理论，然后深入研究体育赛事人力资源管理的运行机制、实施流程以及科学评估，从而为高效开展体育赛事人力资源管理工作提供理论依据与科学指导。

第一节 体育赛事人力资源概述

一、体育赛事人力资源的相关概念

（一）人力资源

人力资源是组织内外具有劳动能力的人的总和。从社会学角度理解为可以推动社会以及经济发展与进步的人的总称。①

① 王守恒，叶庆晖.体育赛事管理[M].北京：高等教育出版社，2007.

（二）体育人力资源

广义上，体育人力资源是推动体育发展的体力劳动者与脑力劳动者的劳动能力总和。狭义上，体育人力资源是体育系统内接受过体育专业培养教育的可以推动体育发展的体育专业人员的总称。[①]

（三）体育产业人力资源

体育产业人力资源指的是能够在体育经济活动中应用各种管理技术的体育人力资源。体育产业人力资源结构如图6-1所示。

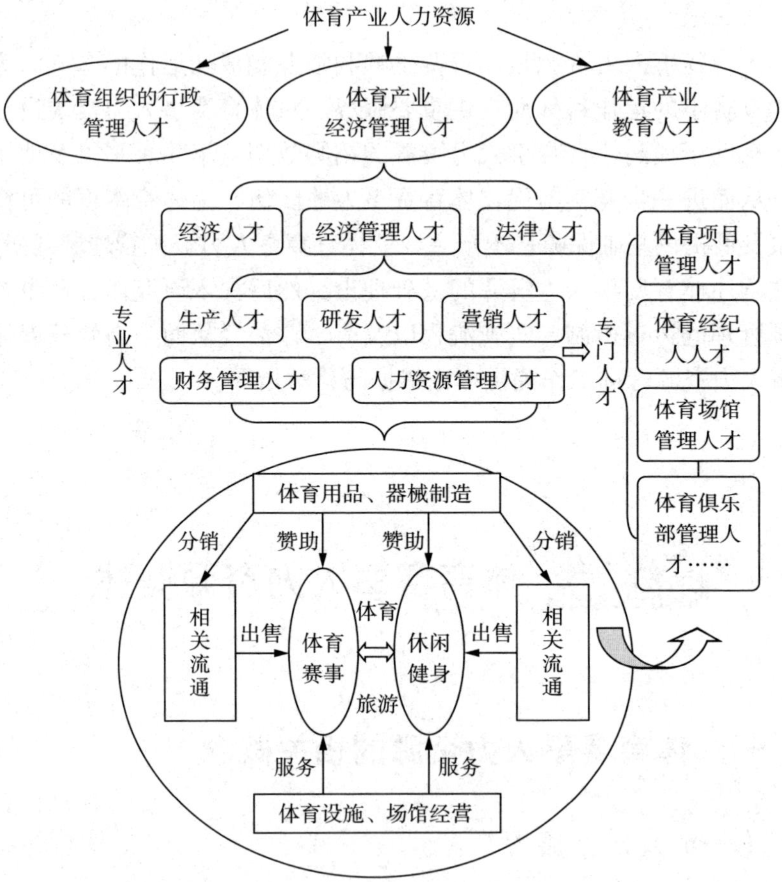

图6-1[②]

① 王德炜.体育人力资源管理[M].北京：人民体育出版社，2011.

② 王德炜.体育人力资源管理[M].北京：人民体育出版社，2011.

（四）体育赛事人力资源

体育赛事人力资源指的是从事体育赛事及其相关服务工作的人力资源。[①]体育赛事人力资源是体育赛事顺利举办和成功运作的基础，为实现体育赛事的运作目标而提供重要服务。

二、体育赛事人力资源的组成

体育赛事人力资源主要包括以下几类人员。

（一）付薪工作人员

这类体育赛事人力资源包括以下三类人员。

1. 借调及委派人员

当前，我国体育行政主管部门及相关政府单位主要负责社会体育赛事工作。这是我国现行体育赛事管理体制的一个特点。所以在体育赛事的运作过程中，有一定比例的工作人员来源于政府部门、行政单位，主办方采用委派或借调的方式来安排这些人员为赛事提供服务。

2. 专职工作人员

专职工作人员指的是以服务于赛事为主要职业的人员，这类人力资源在合同期内从事赛事运作工作，领取相应的薪水。当前，我国体育赛事管理的发展呈现出市场化、专业化的新趋势，在这一背景下，体育赛事人力资源中专职工作人员逐渐增加，在整个人力资源结构中所占比例有所提升。

招聘体育赛事的专职工作人员，要先了解赛事对人才的具体需要，包括各职能领域需要什么样的专业人才，需要多少，对技能及其他素质有什么要求等，然后再对需求计划、招聘计划进行制订。需要注意的是，在体育赛事组织实施的不同阶段，要根据实际需要调整人才需求计划，使专业人才能够真正发挥自己的作用与价值。为了提高专职人才的使用效率，人力资源部门要与其他部门保持沟通，了解各部门真正需要哪些人才。

3. 兼职工作人员

兼职工作人员虽然也为体育赛事服务，也领取报酬，但这不是

① 黄海燕.体育赛事管理[M].北京：人民体育出版社，2012.

他们的主要职业，这类人力资源为体育赛事服务是有数量或时间限制的。

（二）合同商工作人员

体育赛事的合同商工作人员主要来源于体育赛事的赞助商、供应商及其他合作单位，他们在体育赛事运作期间被委派过来主要负责提供产品和服务的工作。从劳动关系上来看，这类体育赛事人力资源不属于体育赛事组织机构，他们所在的单位与体育赛事主办方是签订合同的合作与契约关系。双方达成合作与契约关系是建立在相互协商、相互信任和互利共赢基础上的。体育赛事的运作在很多方面都受这种合作关系的影响，所以在体育赛事人力资源管理中不能忽视对这类工作人员的管理。一般以体育赛事运作管理体系中的规章制度以及赛事机构与合作单位签订的契约条款为依据来对合同商工作人员进行管理。体育赛事组织管理的负责人不能直接领导这类工作人员，而要通过协商来解决问题，如果双方发生分歧，则赛事组织机构要与合同商工作人员所在的企业单位进行沟通，双方在平等契约关系的基础上解决分歧，协商处理问题。

（三）技术官员

体育赛事中的裁判员和技术人员都是技术官员，他们直接参与体育赛事的运作，是体育赛事人力资源的重要组成部分，也是体育赛事人力资源部门管理的主要对象。

（四）志愿者

志愿者在体育赛事中提供的服务是无偿的，没有薪酬，他们为体育赛事服务完全是自愿的。这类体育赛事人力资源往往是体育爱好者，他们在体育赛事中发挥的作用不容小觑。体育赛事运作中志愿者越来越多是社会文明进步、社会和谐发展的表现。

三、体育赛事人力资源的组织结构

如何设计体育赛事的组织结构，取决于体育赛事运作单位的管理思想，要彻底贯彻科学的、先进的、正确的管理思想与管理理念，实现预期管理目标，就要求有与之相符的适宜的组织结构。体育赛事人力资源的组织结构是体育赛事组织结构的一部分，设计好这方面的组织结构有助于处理好体育赛事系统内人力资源的相互关系及权利与职责关系，有助于合理分配人力资源的工作，并促进人力资源部门内部协调与沟通。

体育赛事人力资源管理的组织结构有项目型、智能型和矩阵型三种，这是基于对体育赛事性质的考虑而划分的。

（一）项目型体育赛事人力资源组织结构

若体育赛事是一次性的，那么适合采用项目型组织结构，它的特点是一个领导负责一个部门的工作，上级领导可以直接指挥其所负责部门的工作人员，部门工作人员绝对服从上级领导的安排（图6–2）。

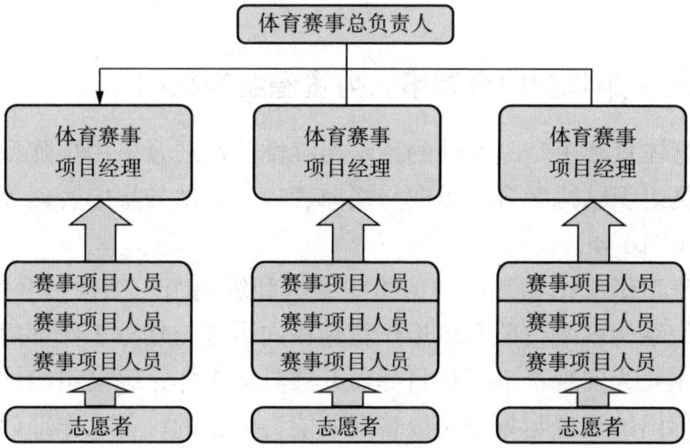

图6–2

（二）职能型体育赛事人力资源组织结构

若体育赛事是连续性的，则适合采用职能型组织结构，它的特点是依据赛事的专业职能需要和业务需要设置和划分工作部门，各部门工作人员非常明确自己的工作职责，而且负责的工作基本稳定，少有变化，这对于体育赛事系统的综合管理是有帮助的（图6–3）。

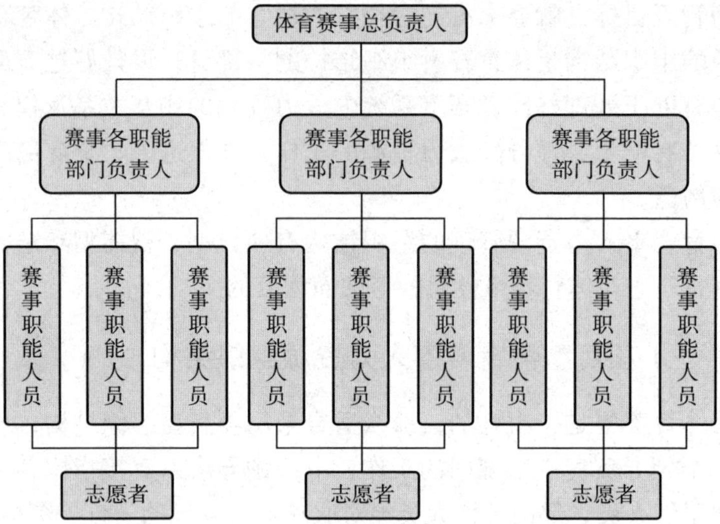

图6–3

（三）矩阵型体育赛事人力资源组织结构

不管体育赛事是一次性的还是连续性，都适合采用矩阵型组织结构，这类组织结构融合了纵向与横向管理、分散与集中管理等多种管理模式（图6–4）。

矩阵型组织结构是由横向组织结构和纵向组织结构结合而成的，横向组织结构就是按照赛事运作目标横向设置与划分工作部门，各工作部门主要为实现赛事运作目标而开展具体工作；纵向组织结构中对各工作部门的设置与划分是以管理职能为依据的，各工作部门专业性强，各自负责自己领域的业务。

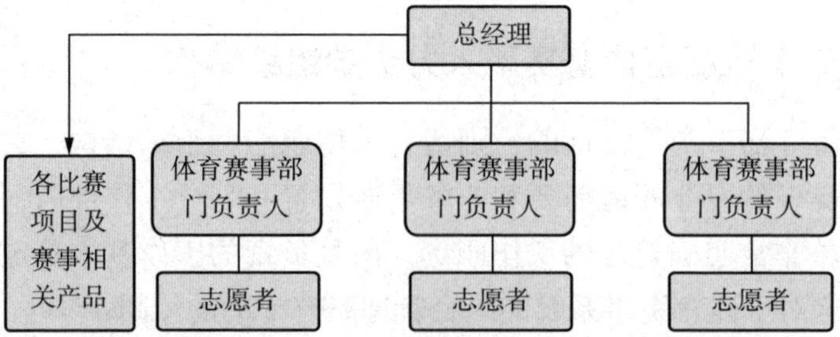

图6–4

需要说明的是，体育赛事志愿者有属于自己的组织结构，其隶属于体育赛事项目组委会，包括内部组织结构和外部组织结构，分别如图6-5和图6-6所示。

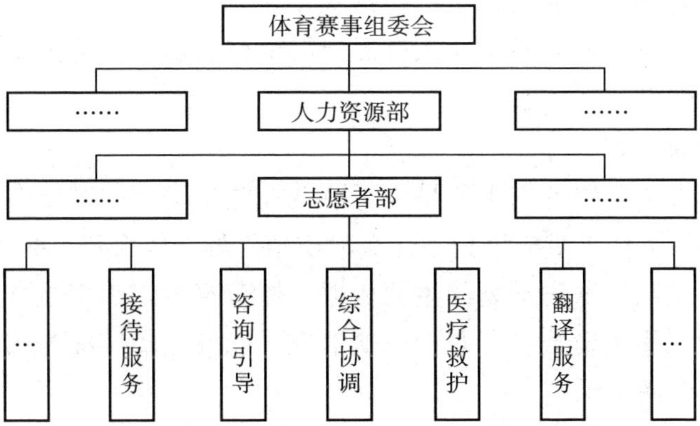

图6-5

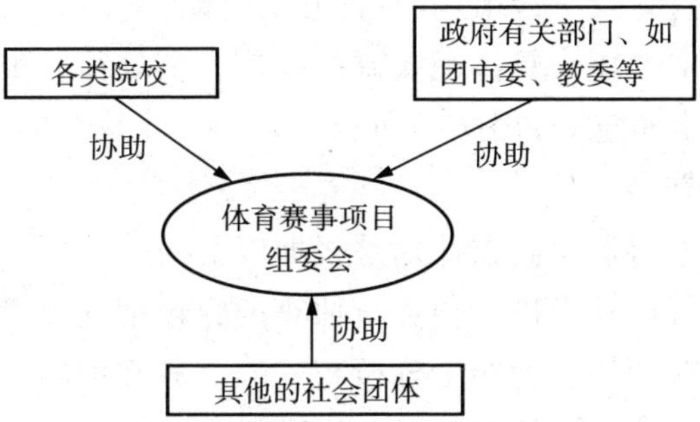

图6-6

从体育赛事志愿者的外部组织结构来看，对体育赛事志愿者进行管理需要赛事组委会和其他相关单位相互协调合作。

四、体育赛事人力资源的计划

（一）体育赛事人力资源计划的主要内容

体育赛事人力资源计划包括以下几个方面的内容。

1. 职务编制计划

体育赛事运作目标是制订职务编制计划的主要依据，在制订该计划前还要进行职务分析，编写分析报告，因为这也是制订职务编制计划要参考的内容。对这类计划进行制订，主要就是清楚体育赛事的组织结构模式和组织职能。组织结构安排、职务设置、职位性质及具体工作描述以及各职位对工作人员提出的资格要求等内容都要在职务编制计划中列出。

2. 配置计划

制订人员配置计划主要是为了清楚在整个赛事中需要多少人力资源，各部门工作人员应该具备什么素质条件等。体育赛事的举办目的、现实需要是制订这类计划的主要依据。体育赛事组织实施过程中各职能部门的工作人员数量、职位空缺情况、职务变动情况等都要在人员配置计划中详细陈述。

我国在体育赛事人力资源配置方面将政府配置机制和市场配置机制结合起来，配置模式如图6–7、图6–8所示。

在市场经济背景下，市场配置模式在体育赛事人力资源配置中发挥着非常重要的作用，具体配置调控要依价值规律、供求关系、价格杠杆等市场因素而定，如图6–9所示。

3. 需求计划

体育赛事人力资源需求计划是根据以上两个计划对体育赛事举办过程中的人力资源需求进行估算，估算内容包括人力资源的职务、数量、入职工作时间等。为便于分析与安排，最好列出一个分列表，表中内容涉及招聘成本、招聘数量、招聘对象技能要求、赛事管理人员需求量和层次等。

4. 供给计划

制订体育赛事人力资源需求计划后，就要紧接着制订对策性计划，也就是体育赛事人力资源供给计划，计划中要明确说明人力资源供给方式，获取人力资源的途径及其实施，人力资源流动规定等。计划中还要对未来特定时期的人力资源供给情况进行预测，这方面的预测建立在对一些重要资料的分析上，如往年人力资源的组织结构、数量、年龄学历结构、录用情况等。体育赛事人力资源的现状及未来一段时间内关于人员流动、职位变动及其他相关情况等变化能够从体育赛事人力资源的供给计划中体现出来。

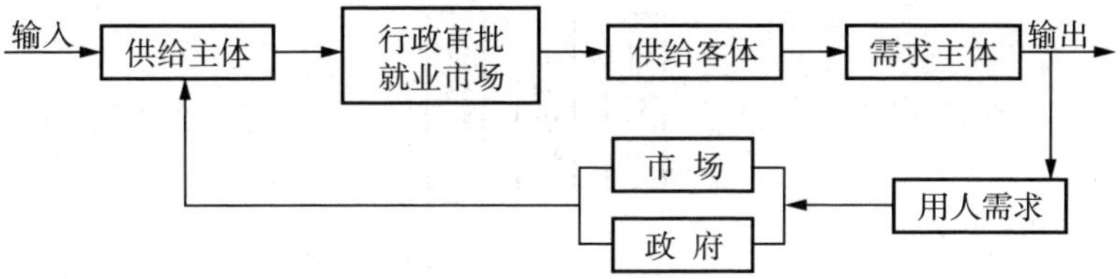
输入
供给主体
行政审批
就业市场
供给客体
需求主体
输出
市 场
政 府
用人需求

图6-7

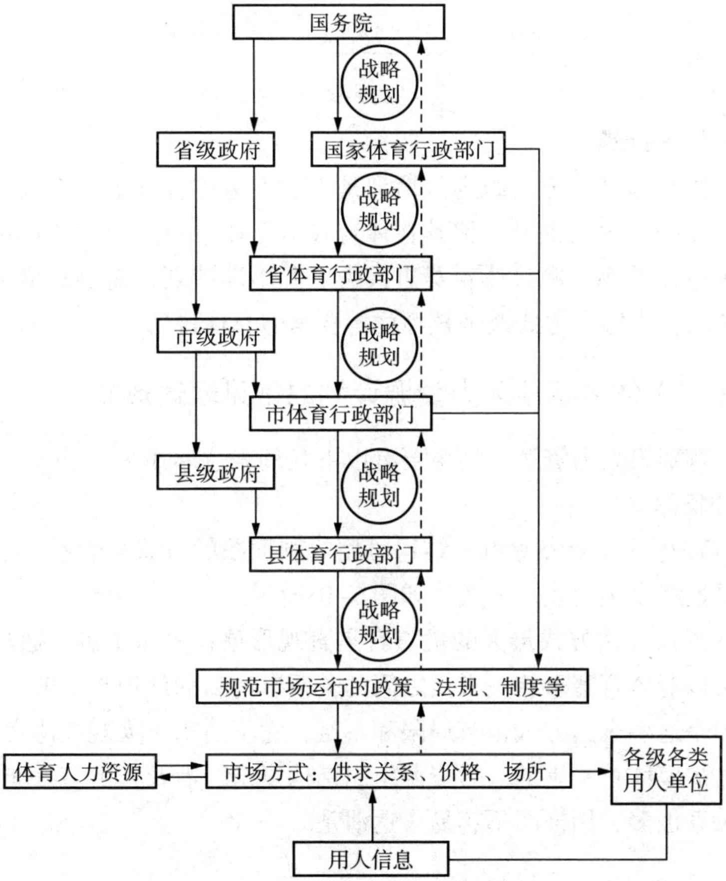
国务院
战略
规划
省级政府
国家体育行政部门
省体育行政部门
市级政府
市体育行政部门
县级政府
县体育行政部门
规范市场运行的政策、法规、制度等
体育人力资源
市场方式：供求关系、价格、场所
各级各类
用人单位
用人信息

图6-8

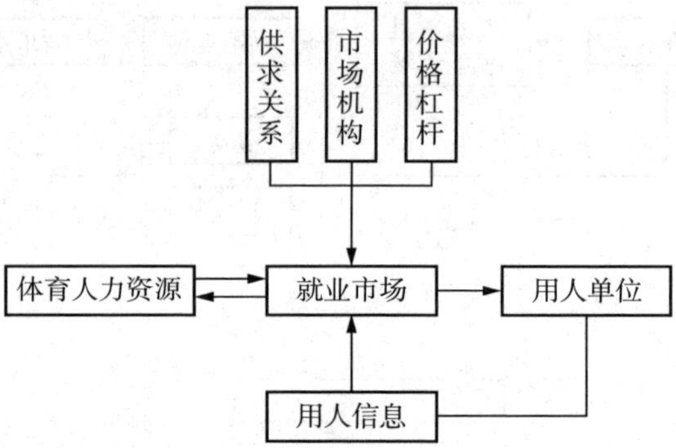

图6-9

5. 培训计划

对体育赛事人力资源进行培训是为了促进体育赛事工作人员专业素质和业务能力的提升，使其在体育赛事运作中更好地发挥作用，提高赛事运作效率。制订体育赛事人力资源培训计划，需要对培训的政策、需求、内容、方式及考核评估等要素做具体说明。

（二）体育赛事人力资源计划的常见表达形式

体育赛事人力资源计划主要有以下几种表达形式。

1. 框图式

体育赛事人力资源组织结构可用绘制框图的方式来表示，框图中的关系连线是主要表示方式，如图6-10所示。

框图式表达方式最大的优点就是直观形象，一目了然，通过这种方式可以对体育赛事相关人员之间的关系有清晰的认识与了解。

但是这种表达方式也有局限和不足，它不适用于大规模体育赛事，因为大规模体育赛事的人力资源组织结构复杂，涉及人员多，职责多，人员关系也多，用框图不容易表达清楚。

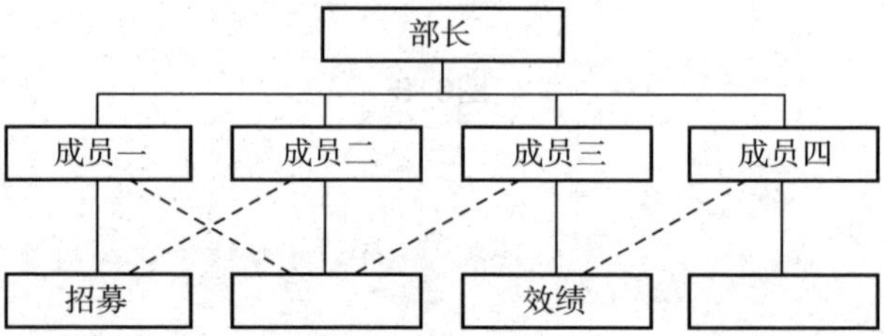

图6-10

注：实线代表主要负责，虚线代表协助。

2. 职责分工式

这种表达方式就是用纯粹的文字将体育赛事人力资源的职务、职责及相互关系分条列出来，虽然没有上一种表达方式直观，但是表达清晰，可以清楚地说明大型体育赛事中复杂的组织结构和人员关系。

3. 混合式

混合式就是将以上两种表达方式结合起来对体育赛事人力资源的关系进行详细说明，这种方式适用于大部分体育赛事。

第二节　体育赛事人力资源管理的运行机制

运行机制是指事物各要素之间彼此依存、有机结合和自动调节所形成的内在关联和运行方式。①下面具体分析体育赛事人力资源管理的几大运行机制。

一、激励机制

在体育赛事人力资源管理机制中，激励机制是核心机制，而激励又是对体育赛事相关人员进行管理的核心。简单来说，激励机制是根据现代组织行为学理论，激励员工参与某个能够满足其个人需要的行动的意愿。准确把握员工的需求，并尽力满足其合理需求，这是激励的核心所在。正确采用激励机制有助于帮助体育赛事人力资源提升自信心，激发他们的工作与服务热情和积极性。

激励机制的实现方式有以下几种。

（1）建立体育赛事人力资源薪酬体系。

（2）建立体育赛事人力资源的工作认可度和满意度评价体系。

（3）制定体育赛事人力资源职务管理与变动制度。

（4）设立体育赛事人力资源组织结构的分权与授权系统。

---

① 王守恒，叶庆晖.体育赛事管理[M].北京：高等教育出版社，2007.

二、牵引机制

牵引机制是指通过明确体育赛事组织对工作人员的期望和要求，使工作人员能够正确地选择自身的行为，将工作人员的努力和贡献纳入到帮助体育赛事组织完成其目标，提升其核心能力的轨道中来。[①]牵引机制的关键在于向工作人员清晰地表达体育赛事组织和工作人员的行为和绩效期望。

牵引机制的实现方式主要有以下几种。

（1）建立体育赛事组织的文化与价值观体系。

（2）明确体育赛事组织职位说明书与任职资格标准。

（3）建立体育赛事组织培训开发体系。

三、竞争与淘汰机制

在体育赛事人力资源管理中，为吸纳优秀的体育人才，提升赛事工作者的工作积极性、业务能力及服务水平，必须采用激励与牵引机制。与此同时，对于体育赛事组织中那些不能满足体育赛事发展之需的人员、对体育赛事运作产生不利影响的人员，则要尽快清理，这就需要将竞争与淘汰机制引进体育赛事人力资源管理中。当今社会不能没有竞争，这是激发人们上进的动力，只有让体育赛事工作人员感受到竞争的压力，他们才会更加积极主动地工作，不断提升自己，争取不被淘汰，竞争是激活体育赛事人力资源的重要手段。

竞争淘汰机制的实现需要制定下列制度。

（1）制定竞聘上岗制度与末位淘汰制度。

（2）制定人才退出制度（学习深造计划、自愿离职计划、提前退休计划、内部创业制度）。

四、约束监督机制

为了使体育赛事工作人员满足体育赛事运作的要求，适应体育赛事发展的需求，就要参考相关制度规定来限定他们的行为，使其在正确的轨道上做好自己的本职工作，为体育赛事而服务，这是将约束监

---

① 王守恒，叶庆晖.体育赛事管理[M].北京：高等教育出版社，2007.

督机制引入体育赛事人力资源管理的主要目的。

约束监督机制的实现方式有以下两种。

（1）制定规章制度，用制度约束体育赛事工作人员的言行。

（2）根据体育赛事的特征建立职业化行为评价体系，评价结果作为任职资格评估与职位调动的依据。

第三节　体育赛事人力资源管理的实施流程

一、体育赛事人力资源的招聘

体育赛事人力资源对体育赛事的举办与运作有关键性影响，因此必须注重人力资源的招聘，要根据赛事的实际需要开启招聘工作，尽可能使所招人员通过合理配置后都能在自己的岗位上发光发热，为体育赛事各职能部门带来可观的绩效，提高体育赛事的运作效率。开展招聘工作，要求对招聘对象的详细信息进行收集与处理，面对大量的求职者信息，必须认真对待，仔细分析，妥善处理，确保信息准确、丰富、有用，参考这些信息可以提高体育人才招聘的效率，吸纳众多优秀的体育人才。

（一）招聘流程

为了能够更加系统、专业、合理地调配体育赛事人力资源，必须事先设计一套科学可行的体育赛事人力资源招聘方案，明确一系列招聘步骤与环节的具体工作和任务，也就是要熟悉招聘流程。体育人力资源的招聘流程可作为体育赛事组织机构招聘工作人员的参考，如图6–11所示。相对来说，社会企业招聘与录用人才的体系较为完善，因此招聘体育赛事人力资源也可将其作为参考，如图6–12所示。

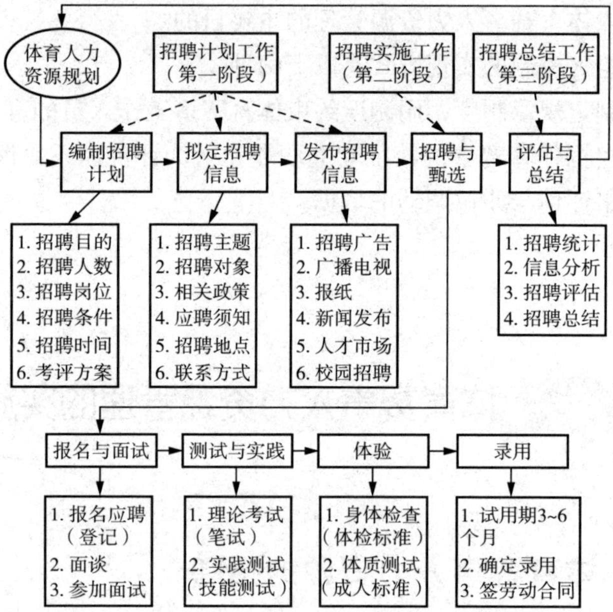

图6-11

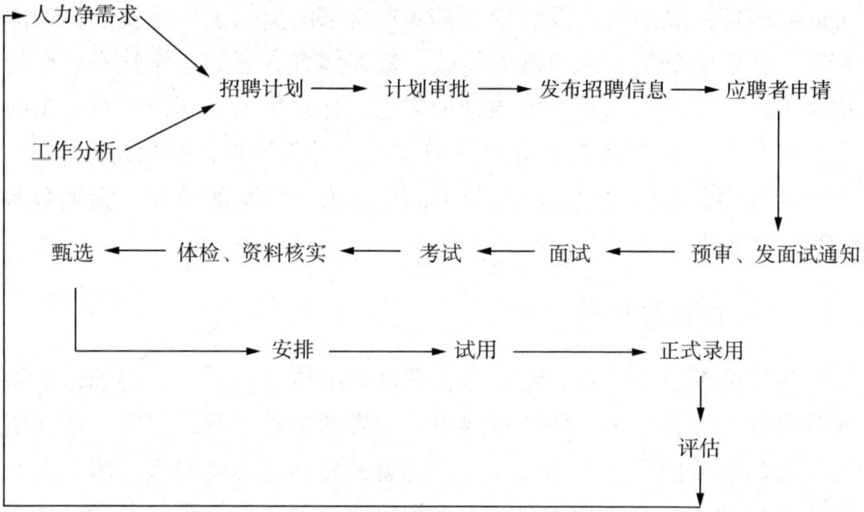

图6-12

（二）分类招聘

1. 体育赛事的雇佣人员招聘

小型体育赛事的招聘工作主要由赛事负责人或中层领导负责，他们通常只选择少数几个常见渠道招聘赛事工作人员。大型体育赛事的招聘更正式一些，由专门的人力资源部门负责招聘工作，体育赛事管理者也会参与把关，而且招聘范围广、招聘职位多，同时招聘渠道也比较多。招聘不同职位的工作人员，采取的招聘方式和选择的招聘渠道可能不同，具体要视职位特征、招聘数量而定，与此同时，赛事运作时间安排、赛事组织机构的资源与条件等因素也会影响招聘渠道与招聘方式的选择。

如果是招聘体育赛事的普通职员，可以采用校园招聘的方式，面向体育管理专业的毕业生招聘。但如果招聘体育赛事的专业人才和高级管理人员，那么就不适合进入校园招聘了，可借助媒体资源来发布招聘信息，在报纸上刊登招聘信息是很好的选择，但是如果选择主流报刊，那么花费的资金较多，而如果选择体育类报刊，又没有可观的浏览量。网站招聘的方式现在很流行，既经济，又便捷，而且招聘面广，宣传力度大。总之，体育赛事管理者要灵活选用招聘渠道和招聘方式，可以同时用多种渠道招聘，提高招聘的成功率。

2. 体育赛事志愿者的招募

对体育赛事志愿者进行管理，要先制订体育志愿者管理规划，如图6–13所示。这是开展管理工作和招聘工作的重要依据。

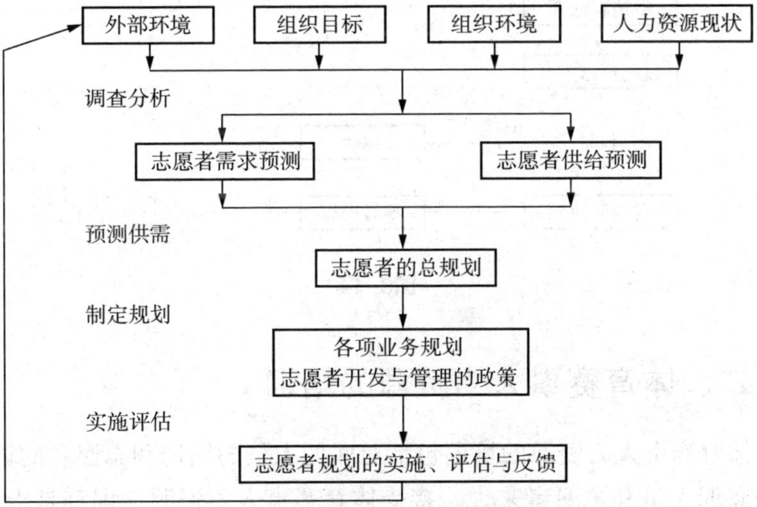

图6–13[①]

① 黄海燕.体育赛事管理[M].北京：人民体育出版社，2012.

制订好体育赛事志愿者管理规划后，可以着手开展管理的第一步工作了，即招聘工作，招聘志愿者与招聘其他工作人员有所不同，具体流程如图6–14所示。大型体育赛事需要很多志愿者提供无偿服务，对大量志愿者的招聘计划一定要安排得周密一些，要审核申请成为志愿者的人的资质，并鼓励更多的人主动申请成为志愿者，挖掘潜在志愿者，使志愿者在体育赛事中发挥自己的价值，为赛事的顺利举办与成功运作做出自己的贡献。

需要注意的是，在正式招募志愿者前，要先了解不同服务领域志愿者的具体工作是什么，工作描述要简洁明了、准确无误，没有歧义或模糊之处，这样才能为每个部门招聘合适的志愿者，使每个志愿者都能找到适合自己的位置。不管是对志愿者进行遴选、培训，还是进行评价，书面的工作描述都是一个非常重要的参考标准。

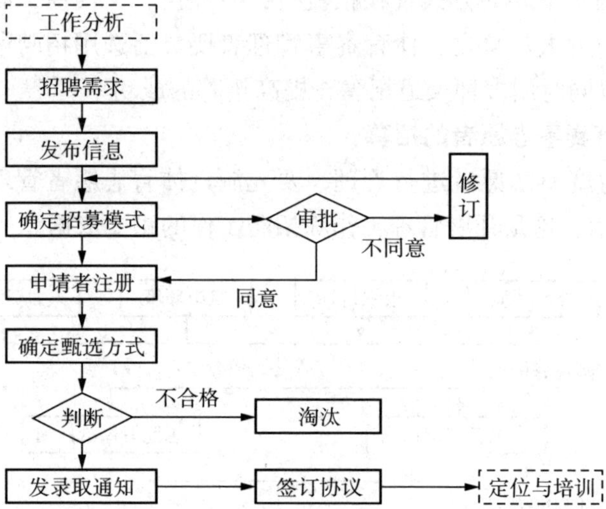

图6–14

二、体育赛事人力资源的培训

体育赛事人力资源的培训包括对雇佣人员的培训和志愿者的培训。对于雇佣人员和志愿者来说，接受体育赛事人力资源培训都是十分必要的。培训是为了使体育赛事人力资源获得从事某项体育赛事工作所必需的专业技能或工作技能。

（一）雇佣人员培训

在体育赛事人力资源管理部门规划和控制培训之前，必须确认组织当前的培训需要。培训可能在三个层次上进行，即组织层次、工作层次以及雇佣员工的个体层次。

在组织层次上，新战略、市场或者技术类型都可能要求员工学习新的和不同的技能。

在工作层面上，如果一项具体的工作发生了改变，那么员工也必须接受培训来获得恰当的工作技能。

在聘用员工的个体层面，管理者和员工可能都需要某种具体的技能以使他们能够胜任本职工作或者在职业生涯上不断进步。

技术性技能是雇佣人员培训的重要内容之一，同时雇佣人员也需要接受诸如冲突管理、建立人际关系以及管理技能等方面的培训。体育赛事人力资源培训中最受关注的技术性技能对于低层次的员工来说是非常普遍的，但是对于体育赛事的高级管理者也同样需要某些类型的技术性技能。掌握人际关系技巧对雇佣人员来说是非常重要的，因为在体育赛事组织中，多数人都在某类型的小组或工作单位中进行工作，成功是团队合作的产物，建立良好的人际关系，通过培训掌握维持与改善人际关系的技巧非常重要。①

体育赛事管理雇佣人员的培训方式有集中式培训和岗位制培训两种形式。当今体育赛事管理方面的人员培训大多采取集中式培训方式，该方式可以节省很多时间和人力资源。岗位制培训是对原有员工或从事过体育赛事管理的人员在其相应的岗位工作中进行实践操作练习培训。

（二）志愿者培训

体育赛事志愿者培训在体育赛事志愿者管理规划及管理过程中都是非常重要的一环，培训是中间环节，起着承前启后的作用，如图6–15和图6–16所示。

① 黄海燕.体育赛事管理[M].北京：人民体育出版社，2012.

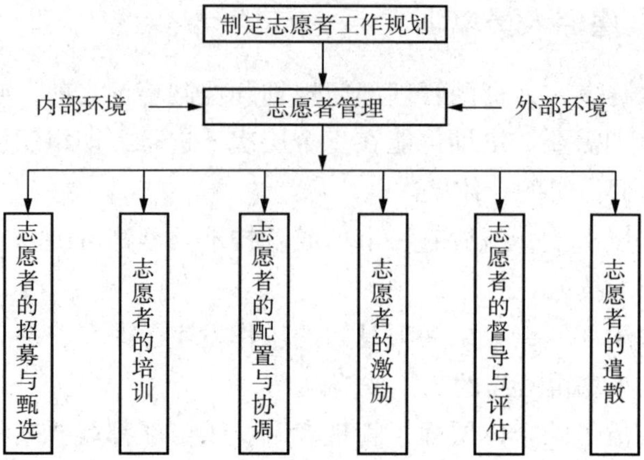

图6–15

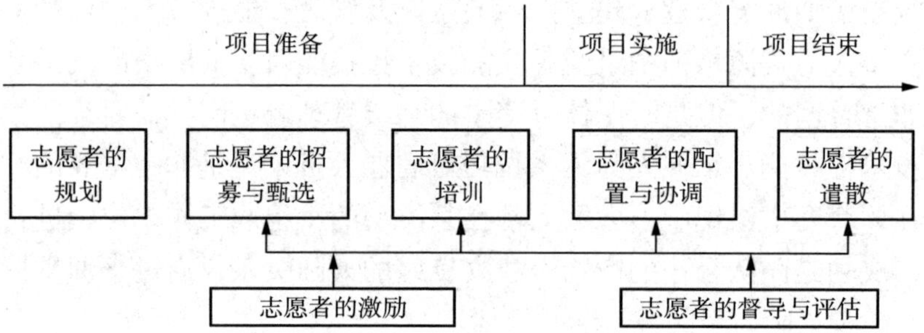

图6–16

体育赛事志愿者的培训基本上包括以下几方面。

1. 基本培训

基本培训是所有体育赛事志愿者都要进行的培训。在培训之初，志愿者们已大致了解自己所在组织的基本情况和发展目标。通过发放培训手册，利用一些可视媒介（如电视、图书、报纸、期刊等）、广播以及多媒体手段刊载或播放有关体育赛事的资料、国际体育组织的概况、志愿服务以及当地的历史文化、交通、旅游情况等内容，激发志愿者的奉献和团结协作精神，并帮助志愿者尽快且轻松地适应新组织。基本培训其实就是志愿者的定位过程，针对在培训手册中不能详尽阐述的内容和出于对一些可视媒体缺乏互动性的考虑，也可以组织大型集中性讲座和进行实地考察等。①

① 黄海燕.体育赛事管理[M].北京：人民体育出版社，2012.

2. 专业强化培训

专业强化培训主要是针对服务于各竞赛项目的志愿者。这一阶段，在培训基地或其他地方通过讲座、小组讨论、自学等方法开展培训，使各竞赛项目志愿者了解所服务竞赛项目的发展历程、现状及其相关知识，避免出现该领域的服务人员对服务对象一无所知的现象。

3. 适应服务岗位需要的专门培训

针对服务岗位的专门培训主要是根据竞赛项目不同，工作岗位所负职责不同，要求志愿者熟练掌握本服务领域的交通和环境状况以及本工作岗位的工作程序、内容和注意事项等。这一阶段的培训强调实践性，多采用模拟、案例分析和角色扮演等方法进行培训，以加强志愿者对服务领域的了解，熟悉服务内容，更好地完成任务。

志愿者还要增加包括礼仪、语言、计算机等多方面的服务技能的培训。培训课中要增加一些实景模拟练习，并且要帮助培训对象树立信心，使其掌握紧急情况下帮助观众及参赛者解决问题的能力。

悉尼奥运会中的一半志愿者从未从事过志愿者的工作，这些志愿者要经过十几个小时到几十个周不等的培训。志愿者的培训由政府出资，通过指定的学校分布在全州的129个培训教学点进行培训。培训分为定位培训、场馆培训和特定工作培训三个时期。定位培训是学习奥林匹克的历史和精神、火炬的意义和象征、顾客服务、行动守则等。场馆培训是熟悉工作地点和工作团队。特定工作培训是详细学习相关的工作内容。有一项是针对所有职员的项目领导能力培训，也包括部分志愿服务人员。在奥运会前的三个月内，志愿者总共进行了100万小时的培训。悉尼奥运会志愿者的培训内容主要有三个方面，一是奥运知识，要求志愿者熟悉奥运会历史、理想和精神，悉尼奥运会的特点、会标及吉祥物的含义等；二是场馆知识，熟悉场馆的位置、竞赛项目、时间与地点、自己的位置与职责、报告与责任系统等；三是专业技能的培训，如赛事口语、安检程序、救护知识。①

最后，志愿者还要接受行为守则和职业道德教育的培训，主要包括以下规定。

（1）不准在公众面前吃东西、嚼口香糖、吸烟、喝酒。

（2）不准随意坐在观众的座位上。

① 黄海燕.体育赛事管理[M].北京：人民体育出版社，2012.

（3）不得要求与运动员合影。

（4）不准使用粗俗的语言，不准开不适当的玩笑。

（5）不准为比赛的输赢打赌。

（6）不得收受贵重的礼品，收受小礼物要向上级报告。

（7）在岗位上不得打私人电话，不得做个人交易。

（8）与残疾人讲话要俯身而听，不要去注意对方的残疾之处，而是特别要关注他们的困难和要求，帮助前要先礼貌地征得对方的同意，以避免伤害对方自理、自立的自尊心等。

三、体育赛事人力资源的遴选

在培训完体育赛事人力资源后就要着手遴选工作了，即选拔录用优秀的体育人才。在正式选拔录用前，要通过考核来了解被选对象各方面的素质与能力，在考核中成绩令人满意的人力资源是选拔录用的主要对象，将其吸收到体育赛事人力资源队伍中能够发挥他们的价值。在考核人力资源时被选者在培训过程中的表现也会被作为遴选考虑的因素，这样的考核更加全面，能够对体育赛事人力资源进行更客观的检验，切切实实了解其是否具备从事体育赛事相关工作的素质与能力。经过培训再遴选，这样挑选的人力资源更适合从事体育赛事相关工作，遴选的方式有很多，如笔试、面试、实习等。此外，体育赛事工作比较复杂，对从业者和志愿者的心理素质提出了较高的要求，为了了解人力资源的心理素质，还要对其进行必要的心理测试，所以心理测试遴选方式也很重要。

另外，在体育赛事人力资源的遴选中，有必要留出一部分人员作为备选，以免有突发事件后人手不够，或者人员流失时没有人随时接手工作。体育赛事比较特殊，突发事件也比较多，所以备选人员在关键时刻可以发挥重要的作用。

四、体育赛事人力资源的使用

完成遴选后，就要将所选人力资源投入使用了，管理人员要了解各部门对人才的需求和被选中的人力资源有什么优势和擅长什么技能，然后有针对性地安排他们的工作，尽可能使每位人才都能在适合自己的岗位上发挥最大价值，创造最大贡献。随着赛事的进行和各部门工作任务的变化，部门之间可以适当进行人员调动，这样也有助于体育赛事人力资源得到全面的锻炼与提升。

五、体育赛事人力资源的储备

体育赛事的运作会经历几个连续的阶段，包括申办阶段、筹备阶段、赛中阶段和赛后阶段，在不同运作阶段对工作人员的需求不同，包括数量需求、专业需求、能力需求等。所以，在赛事运作的不同阶段选拔数量适宜、专业精通、能力较强的能够满足不同阶段赛事需要的工作人员非常必要，将较为理想的专业后备人才选好后，就要为其安排具体的职位与工作。需要说明的是，任何一个行业都有人才流失的可能，体育赛事同样如此，大型体育赛事周期长，在漫长的筹备与运作过程中，难免会有人力资源流失的问题，人员流失尤其是优秀人才流失会对赛事的正常运作造成影响，对此，做好人力资源的储备工作很有必要。这在体育赛事人力资源的遴选中也有强调。

第四节　体育赛事人力资源管理的科学评估

一、体育赛事人力资源的考评

（一）考核

考核是将激励机制引进体育赛事人力资源管理中的主要表现形式，考核的对象主要是雇佣人员和志愿者，通过考核体育赛事工作人员，可以使管理者清楚所招聘使用的人力资源有怎样的工作表现，被考核对象也能清楚自己的能力如何，考核也是末位淘汰、优胜劣汰的必经过程。

体育赛事人力资源考核主要体现在绩效考核上，对工作人员的绩效进行考核与评估是为了了解个人或团队的工作效率、工作效果和努力的结果，了解个人或团队对于整个组织的贡献有多少，考核结果与工作人员的薪资待遇调整、职位变动调整及其他实际利益等都直接挂钩。

考核可以帮助体育赛事管理者发现优秀的人才，同时也能发现不合格的工作人员，这是实施奖惩制度的参考标准，对于考核成绩优秀的人才，要不吝奖励，对于不达标者，要及时发现问题，帮助改正，同时要给予必要的处罚。对于绩效差但是潜力大的工作人员，要进一步培训，对于绩效差且资质条件不好的人员，必要时可以解雇。

通过考核也能为体育赛事人力资源招聘、遴选标准的改革、修正及完善提供依据，从而完善体育赛事人力资源管理体系，提高管理效果，为赛事的运作与发展提供保障。

（二）评价

1. 对体育赛事雇佣人员的评价

招聘体育赛事雇佣人员，对其进行培训与遴选、使用等，每个环节都要参考评价结果，评价结果提供的信息非常有价值，所以要采用多元方式评价体育赛事雇佣人员，尽可能做到客观评价、全面评价，使评价有意义、有价值。

2. 对体育赛事志愿者的评价

评价方式主要有以下几种。

（1）诊断性评价

诊断性评价也就是选择的过程，即在招募和选择过程中，对志愿者的基本了解、评定和筛选。审查志愿者的历史背景和犯罪记录就是诊断性评价。

（2）形成性评价

在志愿者的培训过程中进行形成性评价，是对志愿者的日常性评估，肯定他们的进步，找出不足，尽快改正，它是激励志愿者的有效手段。

（3）总结性评价

总结性评价可看作是对志愿者完成志愿服务后的评价，也可在达到某一阶段性目标后对志愿者进行评价。①

---

① 王守恒，叶庆晖.体育赛事管理[M].北京：高等教育出版社，2007.

在体育赛事志愿者管理的不同阶段灵活选择以上三种评价方式。

二、体育赛事人力资源的奖惩

（一）奖励

对体育赛事人力资源的奖励包括物质奖励、精神激励。奖励有以下几个重要作用。

1. 有效激励

激励的简单过程如图6–17所示。

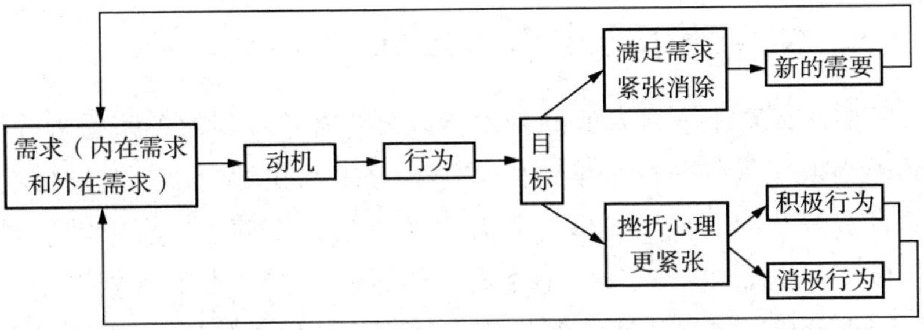

图6–17[①]

奖励体现了体育赛事组织对员工工作结果的认可，能够有效刺激员工的积极性。

2. 提高效率

合理的物质奖励计划和精神激励机制能够促使员工注重工作效率，改善绩效水平。

3. 稳定人才

物质奖励和精神激励可以使体育赛事组织中能力不俗的员工感受到体育赛事组织对他的认可以及个人成就感，使其更加忠诚于体育赛事组织。

（二）惩罚

体育赛事人力资源的惩罚是通过对体育赛事组织的内部考核，对

① 刘清早.体育赛事运作管理[M].北京：人民体育出版社，2006.

员工和志愿者进行多方面的评估，对于达不到工作标准的员工，通过解雇、处罚或者提供培训等方式来矫正，从而在员工和志愿者中间形成一种激励和竞争的机制。惩罚从某种意义来说也是在激励人们进步。

第五节 体育赛事人力资源管理的实例——志愿者的管理

一、体育赛事志愿者的规划

所谓体育赛事志愿者的规划是指以体育赛事项目服务宗旨为前提，科学预测未来内外环境变换中的志愿者需求与供给情况，制定出有关志愿者资源获取、使用、保持和开发的策略，以使志愿者能够满足体育赛事项目的需求。从整体上来看，体育赛事志愿者的规划过程主要包括调查分析、预测供需、制定规划、实施评估等阶段。

对于体育赛事志愿者管理来说，体育赛事志愿者规划是一个非常很重要的行动方案，它包括了三个方面的内容，即确立目标体系、建立组织结构以及工作分析。

（一）目标体系的确立

作为组织，目标是其对各项活动进行管理所指向的重点。目标是根据其宗旨来提出的。也是就说，目标就是一个组织在一定时期内所要达到的预期成果。目标可以根据不同的标准划分为不同的类型。例如，根据层次来分，可分为基层目标、中层目标和上层目标；根据时期来分，可分为短期目标、中期目标和长期目标；根据内容来分，可分为总目标、中间目标和具体目标；根据数量来分，可分为单元目标和多元目标；根据稳定性来分，可分为静态目标和动态目标。

（二）组织结构的建立

所谓组织结构是指组织内的一套形式化系统，这一系统涉及职务及权利关系。通过组织结构，可以清晰地了解组织内工作是如何分配的，谁向谁负责以及内部相应的协调机制。组织结构适当，对每个组织成员的权责角色能够进行清楚的界定，同时再配合适当的控制和协调，将会大大提高组织的工作效率，从而使整个组织表现更为出色。反之，如果组织结构脱离了其管理需要，就会产生一系列问题，如决策延误、应变失误、士气低落和成本高涨等。

在赛事项目中，体育赛事志愿者的组织机构隶属于体育赛事项目组委会，包括外部组织结构和内部组织结构。

1. 外部组织结构

大型体育赛事的举办，其对志愿者的需求也是非常大的。由于志愿者在年龄、性别和职业方面存在较大差异，如果只是通过赛事组委会进行管理是远远不够的，这就需要政府、高校以及其他非营利组织相互合作、相互协调来完成。

2. 内部组织结构

从体育赛事项目来看，对赛事志愿者进行管理的机构隶属于赛事项目组委会，通常是将该机构归入到人力资源部。然后，再根据志愿者的任务和工作性质进行分类，安排到各个职能部门进行工作。

（三）工作分析

在体育赛事人力资源管理中，工作分析是其最基本的工作内容，也是体育赛事人力资源管理的基础，它是指收集组织中某个特定工作职务的相关信息，如权利、工作条件、隶属关系、任务、目的、职责、任职资格等，并进行分析，从而对该职务的工作作出明确的规定，并确定出完成该工作所需要的人员、条件和行为的过程。通常包括工作描述和任职说明两个方面的内容。

体育赛事志愿者服务所涉及的工作范围非常广，对志愿者有着较高的数量和质量要求。为了确保赛事的顺利开展，对志愿者进行有效的管理非常重要的。而工作分析是有效管理志愿者的基础。一般来说，对志愿者的工作分析，主要是工作描述和认知说明。其中，志愿者的工作描述主要包括志愿者需要完成的工作任务、职责和所需承担的责任；志愿者的任职说明主要是指负责该岗位工作所应具备的知识、技能和能力。

二、体育赛事志愿者的招募

（一）发布招募信息

赛事在对志愿者的数量和质量需求进行初步预测后，就要面向社会发布相应的招募信息。

招募信息的内容主要包括3个部分：第一，对赛事所需的志愿者数量及相关专业要求进行宣布，同时还要提供申请、面试、培训等具体的活动程序，提供具体的时间序列以及认证、服装、交通等其他特殊事项；第二，注明招募与甄选的志愿者标准；第三，为了调动人们参与赛事志愿者活动的积极性，要组织各种宣传活动，以吸引更多优秀的人参与赛事志愿者中来。

（二）选择招募方式

招募体育赛事志愿者主要采用以下3种方式：一是，通过政府来组织动员；二是，通过社会来进行招募；三是，直接面向社会招募。以上3种方式，无论采用哪一种方式进行招募，赛事组委会都要与各类社区服务组织、社会团体、各级院校、职业介绍中心等团体机构进行密切联系和合作，这样才能顺利完成招募工作。

三、体育赛事志愿者的甄选

为了避免出现由于选择不合理而造成的各种损失，如消极怠工、旷工、志愿者流失等，甄选需要具备一定的程序。一般来说，甄选过程要包含确定甄选的标准、流程以及考核的方法。

由于程序的不同，在对体育赛事志愿者进行甄选时主要采用“金字塔式”“倒金字塔式”两种模式。

“金字塔式”甄选模式是首先要对职能进行分级，然后按照职能分级从高到低进行选拔，首先选择的是体育赛事关键岗位的志愿者，然后对体育赛事中层较为重要岗位的志愿者进行选拔，最后是普通志愿者的选拔。首先对于提出申请的志愿者全部接收，然后进行逐步筛选，采用淘汰的方式选出更为适合的志愿者。

“倒金字塔式”甄选模式主要是在时间充裕的情况下采用，如果时间较为紧凑可以选择“金字塔”甄选模式。

四、体育赛事志愿者的配置与协调

根据体育赛事各项工作的具体需求以及志愿者的储备情况，将适合的志愿者安排到适合的岗位上，即体育赛事志愿者的配置。在体育赛事举办期间，要根据赛事的具体需要来调配不同岗位的志愿者，从而达到“人适其事、岗得其人、人尽其才”的目标，实现志愿者资源配置的最优化。

五、体育赛事志愿者的激励

所谓激励是指赛事组织者通过对工作环境和奖酬形式进行适当的设计，采用一定的规范和惩罚性措施，通过信息沟通，来对体育赛事志愿者的行为进行激发、引导、规范和保持，以使体育赛事组织的目标及成员的个人目标更好地得以实现的系统活动。

在体育赛事管理中，对体育赛事志愿者进行激励，就是采取一切办法使志愿者的个人需要与体育赛事的需要紧密联系起来，使志愿者处在一个驱动状态，在此状态下，志愿者所付出的努力既能够使个人需要得到满足，同时又能够满足体育赛事的需要，实现赛事的总目标。对志愿者进行激励在管理体育赛事志愿者的过程中始终是一个非常重要的环节。体育赛事具有不可重复性，而志愿者又具有较大的流动性，这都使得体育赛事管理者要采取各种高效的激励措施来吸引和保留志愿者，从而将人员流失的可能性和损失降到最小。与普通组织不同的是，体育赛事志愿者的形态与特征共同决定了其激励机制的特殊性。对于体育赛事志愿者来说，常采用的激励方式主要有以下两种。

（一）内在激励

所谓内在激励是指志愿者通过参与赛事所产生的内在满足感，如参与奥运会所体会到的奥林匹克精神、公民的责任感、团队的归属感、个人的各种需求，甚至包括因为志愿者身份而产生的自豪感等。

（二）外在激励

外在激励是组织者通过评奖、表彰、实物等方式来激励志愿者。通常来说，赛事的筹备是一个较为漫长且烦琐的过程，组织者可以通过给予志愿者工作提升机会、相应物质奖励、宣传典型事迹及个人、进行阶段性表彰等方式，来使其能够对工作长期保持热情。在举办赛事的阶段，组织者可以给予志愿者观赛机会、门票、标志、专用衣物以及与运动员近距离接触等方式，来激励志愿者。在赛事结束之后，组织者可以通过举办评奖活动或召开表彰大会，使志愿者付出的辛勤工作能够得到社会的认可。

第七章
体育赛事财力资源管理研究

在体育赛事管理活动中，财力资源的管理是非常重要的组成部分。一个城市举办体育赛事的主要目的就在于获得经济效益和社会效益的双丰收，通过体育赛事来提升城市的影响力，归根结底一个重要的目的还是促进城市经济的发展。由此可见，体育赛事的财力资源管理是非常重要的内容。作为体育赛事的管理者一定要重视体育赛事的财力资源管理，将其作为一项重要的工作内容。

第一节 体育赛事的成本与收入核算

在体育赛事的财力资源管理中，财务预算、成本核算与收入核算是三个非常重要的方面。这也是财务人员必须要掌握的知识与技能。

一、体育赛事的财务预算

（一）财务预算的意义

要想保证体育赛事经济活动的顺利进行，制定一个财务预算计划是尤为必要的，通过财务预算计划的制定，能很好地监控财政状况，规范相关工作人员的财务行为，确保财务活动的正常运转。

体育赛事的财务预算是指为下个清算账目周期制定收入与花费书写计划的过程。对于体育赛事而言，一个账目周期通常是计划、组织与运作将来临赛时必需的时间段。体育赛事的财务预算主要包括成本计算、收入评估以及财政资源分配等内容。①

在一个体育赛事组委会中，存在着很多的下级部门，这些部门又下设很多小组，作为体育赛事的财务人员要综合各方面的信息对每个部门做好预算，通过反复计算得出每个部门的最大花费，这样能评定体育赛事的投入是否合理。

可以说，体育赛事的财务预算是必不可少的一项工作，它对于体育赛事活动的顺利开展具有重要的意义和作用。在体育赛事活动中，有很多的项目需要先交付成本才能获得收入，因此事先制定一个合理的预算对于投资者或者赞助商而言具有非常大的帮助，他们只有在得到准确的财务预算后才能进行相关的经济投入。体育赛事活动是千变万化的，如果发生特殊情况时，财务人员就需要结合实际情况及时地调整财务预算以应对发展着的财务情况，这就需要财务人员必须具备良好的反应能力和熟练的业务能力。

总之，一个合理的预算编制对于体育赛事管理者顺利地组织体育赛事活动具有非常重要的意义。在合理的预算编制下，管理者能有效地控制商业活动，同时还能确保其他相关的工作有条不紊地进行。在合理有效的预算编制下，体育场馆的工作人员会形成一种富有激情的工作动力，所有成员都会形成较强的凝聚力，朝着既定的目标努力，从而实现体育赛事活动的目标与任务。

在体育赛事运营中，预算编制可以说是一种按照财务管理条款来评估收支状况的会计制度，这一制度对于体育赛事经济活动的顺利开展具有重要的意义。通过预算控制制度，体育赛事管理者能获得客观和准确的反馈信息，通过这些反馈信息，管理者能有针对性地修改与调整管理活动的目标或方案，有利于实现预期的管理目标。为确保反馈信息的准确性，在平时的管理活动中要对预算编制的相关人员进行集中培训，让他们深入了解预算的内容与目标，不断提升自身的素质与业务能力，这对于体育赛事经济活动的顺利开展是非常有帮助的。

① 王佳梅. 大型体育赛事（活动）的筹资风险及其规避[D].西安体育学院,2012.

（二）预算编制的目标

在体育赛事经济活动中，预算编制是无可取代的，如果没有预算编制这一环节，整个赛事经济活动就难以有效的开展。预算编制可以说是对未来进行的合理的有针对性的规划，这一规划也接受一定的监督，从而保证赛事经济活动的顺利开展。预算可是说是以资金进行说明的一个规划，在规划前，它就得以准备和通过，因而它可以显示出被利用的收入、支出和资金。

总之，通过一定的赛事预算活动，管理者能够以获得的反馈信息为主要依据去协调体育赛事组织目标与实现目标必需的资源之间的关系，保证体育赛事活动的顺利开展。通常情况下，体育赛事预算能向部门负责人传递相应的内容和信息，它是体育赛事财务管理中必不可少的内容。

（三）预算编制的形式

预算是体育赛事管理财务的重要内容，这一内容为体育赛事活动的顺利发展提供了一个可靠的参考依据。因此，作为体育赛事的管理者一定要做好体育赛事的财务预算工作。体育赛事的预算编制，通常来说有以下两种形式，相关人员一定要充分了解这两种形式，做好预算编制工作。

1. 弹性预算

弹性预算是体育赛事预算编制的重要形式和内容，一个弹性预算通常包括固定预算、半固定预算和可变预算等方面，这几个方面在体育赛事财务预算中都有可能出现，财务工作人员要依据体育赛事发展的规模合理地调整这几项预算的大小。弹性预算能够将预算的内容与实际支出做一个明显的对比，如果二者差距不大，这说明这一预算就是可靠的，符合实际的。

2. 现金预算

现金预算是为了说明在特定活动时间内所需要的现金收支。在体育赛事活动中，现金预算是一项非常重要的财务工作内容，它能在一定程度上保证赛事活动收支的正确方向，能在一定程度上反映体育赛事活动的盈亏状况。因此，体育赛事管理者一定要高度重视这一预算形式。

体育赛事活动的内容相对来说比较复杂，牵涉到的预算活动也是比较多的。对于现金预算这一形式而言，有时会出现一定程度的松懈，赛事财务管理人员一定要集中注意力，通过调整收支安排来实现各方面的平衡。

总的来说，预算编制是体育赛事财务预算的一项重要内容，也是一个非常重要的财务手段，体育赛事管理者通过这一手段的利用能指导赛事财务活动顺利地进行，从而提高财务工作的效率和质量。

（四）体育赛事预算的内容

一般来说，体育赛事财务预算主要包括非组委会的预算与组委会预算两个部分的内容，这两个部分的预算都是必不可少的。缺少了任何一部分，体育赛事财务工作都难以顺利的开展。

1. 非组委会预算

非组委会预算也是体育赛事财务预算的一部分内容，这一部分主要是指能为赛事举办地带来经济和社会效益的公共基础设施建设，这些基础设施的建设需要大量的资金，通常情况下，主要由当地政府部门的财政拨款或者企业赞助构成。

具体而言，这一部分的预算主要包括城市基础设施建设预算、体育赛事场馆设施建设与改造预算、体育赛事服务项目的投资等。这几个方面都是体育赛事财务预算的重要内容，体育赛事管理者一定要引起重视。

2. 组委会预算

组委会预算是体育赛事财务预算非常重要的内容，这一部分的预算应包括以下几个部分的内容。

第一，体育赛事的基础设施费用，如场馆建设与维护、运动设备的购置等。

第二，体育赛事的策划、组织与管理费用。

第三，体育赛事组织的行政管理费用。

第四，体育赛事活动的宣传与推广费用。

第五，与体育赛事相关的各种活动费用。

第六，其他方面的费用。

以上几个部分都是体育赛事组委会预算的重要内容，作为体育赛事的财务工作者在进行预算编制时一定要将这几个方面都考虑到，争取制定一个科学合理的、符合赛事实际的财务预算方案。

二、体育赛事的成本核算

成本核算是体育赛事财务工作的重要内容，这一方面的内容主要包括成本的预计、成本的分类与成本的分配三个方面。成本核算主要包括固定成本与变动成本两种类型。固定成本是指使体育赛事发生而不管有多少人参加都必需的不变花费；变动成本指的是与参加人数密切相关的花费，这种花费会随着人数的不同而有所变化。①一般情况下，体育赛事的成本与赛事的规模有着极为密切的关系，规模越大的赛事通常会耗费较大的成本。

一般来说，体育赛事的成本核算分类内容见表7–1。

表 7–1 体育赛事成本核算分类②

体育赛事营销组合要素	
分类	具体成本支出项目
赛事计划、组织	工资、会计 / 审计、银行汇率 / 利息、会议、邮费 / 快递、印刷 / 影印、计算机、电话 / 传真、其他税收、保险、法律、其他
赛事风险	税收、保险、法律、其他
赛事实施（竞赛、后勤）	官员、裁判员、参与者、住宿、资格审查 / 注册、奖品 / 奖金、仪式、设备、场地 / 馆租借、医护和药检、其他人员（引导员、停车员）、安全（警察 / 私人保镖）、临时建筑（帐篷 / 卫生间）、制服（工作人员、裁判员、志愿者）废物处理、其他
营销与沟通	广告、媒体报道、公共关系、贵宾、互联网站、娱乐、新闻中心、移动电话、复印、出版、工作手册 / 传单 / 节目、标志（广告牌）、计时 / 计分系统、其他

① 王佳梅. 大型体育赛事（活动）的筹资风险及其规避[D].西安体育学院,2012.

② 王佳梅. 大型体育赛事（活动）的筹资风险及其规避[D].西安体育学院,2012.

三、体育赛事的收入核算

通过对体育赛事财务内容的分析可以发现，体育赛事的收入与赛事的类型和规模有着非常密切的关系。体育赛事的类型在体育赛事财务工作中起着非常重要的作用，它能在一定程度上决定着赛事的收入状况。反过来，体育赛事的收入也会影响赛事接下来的计划。不同规模的体育赛事，其收入水平呈现出一定的差异，但无论差异有多大，其收入都包含基本资金收入与营销收入两个部分，作为体育赛事的管理者在进行赛事的规划、宣传与组织中要提醒财务工作人员高度重视这两个方面。

综上所述，整个体育赛事的财务预算与核算活动过程应包括以下三个步骤。

第一，制定体育赛事的目标与任务，了解体育赛事的大体环境。

第二，根据体育赛事的规模与实际确定合适的赛事预算。

第三，合理地管控财务核算流程，并进行科学的评价与反馈。

总之，体育赛事的预算与成本核算、收入核算等工作都会对赛事的管理效果产生极为明显的影响，体育赛事管理者要聘请专业的财务人员对其进行管理，在财务核算与管理的过程中要结合体育赛事的目标与任务展开各项工作。

第二节 体育赛事的筹资管理

筹资管理也是体育赛事财力资源管理的重要内容，体育赛事财务工作人员要以经济核算的原则为依据，充分利用各种途径和手段筹集体育赛事组织所需的资金，以维持正常的体育赛事活动。体育赛事组织者要依据准确的财务预算筹集到充足的资金，避免出现财务风险。

一般情况下，体育赛事资金筹集的方式主要有以下几种。作为体育赛事的管理者一定要利用一切可以利用的途径筹集到体育赛事活动所需要的资金，这样才能保证体育赛事活动的顺利举办。

一、商业赞助

伴随着时代的发展和进步，商业赞助成为体育赛事资金的重要来源。一个影响力较大的体育赛事往往能吸引到社会上资金雄厚的大企业，这些企业对体育赛事进行一定的赞助，二者都能实现共赢。如企业赞助能为体育赛事组织者带来充足的资金，而企业通过赞助体育赛事也能凭借赛事的影响力对自己的企业进行良好的宣传与推广。如今一项体育赛事要想顺利成功的举办，吸引商业赞助是必不可少的，一般的商业赞助活动都离不开必要的谈判。下面就重点分析一下体育赛事商业赞助的谈判策略。

（一）选择合适的谈判地点

体育赛事组织者要加强体育赛事的宣传，主动寻求赞助商，在找到赞助商后就要进行必要的商业谈判。在进行商业谈判时，要注意谈判的效率，影响谈判效率的因素有很多，其中谈判场地的选择就是一个非常重要的方面。谈判场地的选择有一定的讲究，应尽量选择在交通方便、环境优美、安全舒适的地方。这样能给赞助商带来良好的心理体验，便于接下来的谈判。

（二）专业的谈判人员

体育赛事组织者在与谈判人员进行谈判时需要注意以下几个方面的要求。

第一，体育赛事的商业赞助谈判要配备三类人员：体育赛事运作管理机构内部的负责人、体育赛事组织人员、具有丰富经验的人员。

第二，在进行合同条款的谈判时，还应配备熟悉商业赞助的专业律师。

第三，在与外资企业进行谈判时，还必须要配备熟悉商业赞助以及体育赛事方面的专业翻译人员。

第四，谈判人员的选择要充分考虑其组成结构，要安排不同专业特长及不同个性的人，这样才能充分利用这些人才的优势，实现理想的谈判效果。

（三）合理安排谈判议程

在体育赛事的商业赞助中，双方进行谈判时需要制定一个合理的谈判议程，在谈判的过程中要注意谈判的节奏与进度，这样能为双方营造一个良好的心理环境。如果谈判者拥有丰富的谈判经验，那么在谈判的过程中就能获得比较有利的地位。

体育赛事的工作人员在拟定谈判议程时，要充分考虑谈判的时间、地点、人员等因素，制定的谈判议程要能便于对方理解与接受，同时还要保证赛事运作管理机构能够处于谈判的有利位置，这样才能为取得理想的谈判效果奠定良好的基础和保障。

谈判时间的安排也是非常重要的，合理安排与分配谈判的时间有利于谈判过程的顺利进行。谈判时间的安排首先要考虑能否在计划的时间内完成谈判，然后再考虑在这一时间内能否取得理想的谈判效果。

需要注意的是，体育赛事商业赞助的谈判议程并不是固定不变的，这一谈判议程要依据具体的实际情况进行必要的调整和改变，因为在体育赛事商业赞助中也会存在一些不确定性因素，会影响谈判活动的进行，因此事先制定好的谈判议程要根据变化了的情况进行有针对性的调整。

（四）恰当地调整谈判价格

在进行商业谈判时，双方就赞助费也就是谈判的价格会进行激烈的谈判，因为这是整个谈判中至关重要的内容。作为体育赛事的谈判人员要根据各方面的实际情况确定恰当的价格。一般情况下，价格的调整主要有调低价格和调高价格两种形式。其中价格调高的情况不是很常见，但也确实存在着。如双方在谈判的过程中，有另外的企业对体育赛事赞助更加感兴趣，愿意出更高的价格来进行赞助，这时谈判价格就有可能提高。在现实的谈判中，价格调低的情况要远远多于价格调高的情况。

但需要注意的是，不论如何调整价格，在操作的过程中一定要保持稳定的心态，与对方做好有效的沟通，以免发生不必要的冲突。在实际的操作中，价格调高有可能会破坏双方之间的信任关系，价格调低也可能会带来一定的负面影响，让赞助商认为还会有下降的空间，从而导致赛事运作管理机构处于一个非常不利的位置。因此，在价格谈判中，一定要小心谨慎，在调整价格时一定要给出充足的理由。除此之外，价格调整的幅度也不要太大和过于频繁，否则都会带来不良的后果。

二、门票收入

发展到现在，大型体育赛事越来越多，有很多的运动爱好者都会去现场观看直播。如世界杯、欧洲杯、各国足球联赛等都会有大量的球迷购买门票去现场观看比赛，这就增加了赛事组织者或俱乐部的经济收入。由此可见，门票收入也是体育赛事一个重要的筹资渠道。关于体育赛事门票的销售渠道主要包括三个：第一，赛事组织机构直接销售门票；第二，委托专业票务管理公司代理销售；第三，以上两者相结合共同销售。以上三种门票销售渠道没有绝对的优劣之分，体育赛事组织者可以结合自身的具体实际情况合理地选择。

体育赛事组织者选择门票销售渠道时一定要以自身的能力、特点及实际为依据，不能盲目选择。如果体育赛事为本地区的常规赛事，赛事影响力并不是很大或者观众基础比较稳定，就可以采用两种售票相结合的方式。如果是大型体育赛事，门票销售数量多，仅仅凭借体育赛事组织者的力量是难以完成销售任务的，这时就需要委托专业票务管理公司承担部分门票销售。

三、广告收入

为提升体育赛事品牌的影响力，加强体育赛事的宣传与推广是尤为必要的。发展到现在，在体育赛事中做广告已成为一种非常常见的现象。通过广告宣传，体育赛事举办单位能获得一定的广告收入，同时赞助者也能利用体育赛事的影响力很好地宣传自身的产品，从而提升产品的品牌影响力，这是一种重要的无形资产。

四、控制花费

在体育赛事的筹资管理中，还必须要控制花费，做到收支平衡。这是降低财政支出的一个重要手段。例如，以体育赛事中的某些设备为例，如果能通过借用获得一些设备的情况下，就不需要花大量的资金去购买，这样能省下很多的资金去进行其他方面的建设。除此之外，体育赛事建设中体育场馆与设施的装修、体育广告的宣传、赛事后勤保障等都可以通过一定的手段来控制消费。

五、公共投入

体育赛事需要非常大的经济投入，尤其是对于那些大型体育赛事而言。为此，政府要与社会力量加强配合，共同为体育赛事的举办提供必要的经济基础。其中，对于那些大型体育赛事，政府的公共投入是非常重要的，一定要重视起来。

六、电视转播权收入

体育赛事的受众群体有很多，其中现场观看赛事的观众和观看电视直播的观众是其中两个重要的部分。前者主要是通过销售门票获得收入，后者则主要是通过电视转播费来获得收入。由此可见，赛事转播权的开发与销售就显得尤为重要。通常来说，通过电视转播能获得较大的经济收入，尤其是对于那些大型体育运动会或体育赛事来说，如奥运会、世界杯等。一般情况下，体育赛事组织机构出售赛事转播权的主要方式是公开招标，通过这一方式将赛事的转播权转让给电视机构，从中获得巨额的转播收入。

对于那些比较热门或者影响力较大的体育赛事，电视机构对于赛事转播权的竞争还是非常激烈的，在这一竞争环境下，体育赛事组织机构通常能获得不菲的经济收入。当然，赞助企业通过在体育赛事中自我形象的展示，能对本企业起到良好的宣传效果，也能迅速地扩大本企业的影响力。但需要注意的是，如果体育赛事的规模较小或者影响力有限，公开招标的方式就显得不合适。一旦招标不成功，体育赛事的形象会大大受损。因此，对于那些规模较小、影响力不大的体育赛事而言，赛事组织者一定要谨慎选择公开招标这一方式。

七、市场开发

为促进体育赛事更好的发展，赛事组织者要充分利用各种资源加强体育赛事市场的开发与建设，要通过各种市场交换行为来增加赛事的收入。为此，赛事组织者需要制定一个健全合理的市场开发方案，并将其充分贯彻与实施。

一般来说，体育赛事市场开发是否合理，主要通过以下两个标志来衡量。

第一，能否获得稳定的市场开发的收入，这是一个硬性指标。因为体育赛事市场开发的重要目的就是获得经济收入。在现实体育赛事的开发与建设中，如果一项体育赛事声势浩大，规模不小，但是市场开发中却出现了赤字现象或者盈利不足，这样的市场开发依然是失败的。

第二，体育赛事市场的开发对象（观众、电视转播机构、赞助商等）是否感到满意，这也是体育赛事市场开发的一个重要的衡量标准。如果这些客户对体育赛事的各项工作不满意，就容易出现法律纠纷的情况，这对于赛事组织机构的经济收益及口碑都会产生一定的影响。因此，体育赛事组织者还要想方设法地满足开发对象的各项要求，为他们提供良好的服务。

以上就是体育赛事市场开发是否合理的两个重要标准，其中第二个衡量标准对体育赛事的影响要更为深远，赛事组织者一定要引起高度重视。

第三节　体育赛事的财务控制管理

财务控制管理也是体育赛事财力资源管理的重要内容，加强体育赛事财务控制与管理对于体育赛事市场的开发具有非常重要的意义和作用。

一、体育赛事财务控制的概念与内容

（一）财务控制的概念

控制主要指的是对各项活动进行监视，然后制定一定的计划对其

发生的偏差进行纠正的过程。财务控制则是指以计划任务和各项定额为依据，对日常资金的收入、支出、占用、耗费进行核算，通过特定手段来调节财务活动，确保实现既定的财务目标的过程。体育赛事活动顺利地进行离不开必要的财务控制。①

在体育赛事管理中，管理者应该充分履行自己的职责，建立一个科学有效的财务控制系统，保证各项财务活动向着好的方向发展。

（二）财务控制的内容

1. 成本控制

成本控制是财务控制中非常重要的内容。作为体育赛事的组织者要将成本控制在一个合理的范围内，就需要首先对成本进行合理的核算，对赛事资金实施全面的管控。成本核算可以说是赛事组织者对完成赛事所需费用的估计和计划，成本核算是否合理主要取决于赛事组织者能否根据具体的实际情况测算各项指标得出相应的数据，以此为依据做出的成本核算通常都是比较可靠的。

2. 流动现金控制

现金主要包括库存资金、银行存款、银行本票、银行汇票等形式。在体育赛事的财务控制中，现金的控制也是一项非常重要的内容。对于赛事组织者而言，如果拥有充足的现金则会大大降低赛事的风险。因此，体育赛事的组织者一定要充分考虑是否增加现金的持有量，要结合实际情况对现金收支进行合理的控制，包括收支的项目与数量、收支的比例等，赛事组织者都要充分考虑到。

3. 利润分配控制

体育企业运营的一个非常重要的目的就是获取尽可能多的利润，因此利润控制也是体育赛事组织者所需要做的一项重要工作。利润可以说是一家企业收入和支出相抵后的结果，其分配是否合理将直接影响到财产所有者的合法权益能否得到良好的保护，关系到所有者的合法权益是否能得到保护，关系到企业是否能长期稳定的发展。体育赛事能否盈利是衡量其是否能获得持续性发展的一个重要指标，如果体育赛事或相关企业能够实现盈利，就意味着体育赛事的发展比较稳定和合理。作为体育赛事组织者在进行财务控制的过程中，一定要选择

① 王佳梅. 大型体育赛事（活动）的筹资风险及其规避[D].西安体育学院,2012.

良好的利润分配渠道，统一利润分配办法，建立良好的有效的利润分配制度，充分依照“依法分配、兼顾各方面、投资与收益并重”的分配原则进行利润的分配，保证各方面都能获得共同的发展。

二、财务控制的原则

财务的控制应该注意职责分离、收支两条线的基本原则。财务控制应该适应管理定量化的需要，具体来讲应该主要抓好以下几个方面的工作。

（一）制定控制标准，分解落实责任

根据责权利相结合的原则，将计划任务以标准或者指标的形式分解落实到各个负责人、部门以至个人，这就是通常所说的指标分解。按指标分解进行财务控制的意义主要体现在以下几个方面。

第一，在体育赛事财务控制中，通过这样的指标分解，能明确每个单位、每个员工的具体职责，有利于工作人员对其进行考核。

第二，通过计划指标的分解，能促使赛事组织内部各单位和个人详细了解财务计划，能有效地对资金的收付、费用的支出等进行合理有效的控制。

第三，对于符合标准的指标要给予充分的权限和支持；对于不符合标准的指标要进行一定的限制，并采取有针对性的措施加以解决，促使其符合指标规范和标准。

（二）确定执行差异，及时消除差异

在体育赛事的财务控制中，相关的工作人员要对指标的执行情况进行详细的记录，然后将这些记录与制定的标准进行对比与分析，找出其中存在的差异并采取合理的手段与措施消除这些差异。

作为体育赛事的财务工作人员，在具体的工作中应经常预计财务指标的完成情况，同时与赛事组织者加强彼此间的沟通与交流，共同解决体育赛事中存在的各种矛盾。同时，还应及时分析导致差异产生的原因，找出具体的负责人，划出责任归属，从而采取有针对性的措施和手段消除这些差异，实现体育赛事财务控制的目标。

（三）评价单位业绩，搞好考核奖惩

在制定好财务计划后，赛事工作人员就要根据财务计划展开各项活动，在经过一段时间的工作后，组织者要对体育赛事财务计划执行情况进行一定的评价与分析，考核各项财务指标的执行结果，将财务指标的考核纳入到各级岗位责任制，运用激励机制，实行奖优罚劣。

差异管理是财务控制环节的重要特征，在标准确定的前提下，应该遵循例外原则，及时发现并分析所存在的差异，并采取有效的措施与手段对这些差异进行适当的调节，以促使其符合体育赛事财务工作发展的要求。

三、财务收入与支出管理

（一）体育赛事的收入管理

1. 收入渠道

一般来说，体育赛事的收入渠道主要包括以下三个途径。体育赛事的组织者要结合自身实际以及赛事规模大小合理的选择，通常情况下要将以下几个渠道结合起来利用。

（1）事业拨款：通常情况下，主要是体育行政部门进行拨款，用于购置大型体育设备所用的体育设备费和体育场馆建设专项经费等。

（2）社会集资：通过举办重大比赛、参加重大比赛以及体育场馆建设等向社会各界募集得到的赞助费。

（3）自行创收：通过合法的手段向师生和社会人员提供有偿服务而获得的收入。

2. 现金及票务管理

（1）现金收入清点制度与规定

①场馆营业收入的收纳人——收款员对所收到的营业款负全部责任。

②在具体的财务工作中，收款员每天下岗后应把现金、各种代用券的数额填入现金收入表，并对收入表的数字和实际收入进行仔细核对，核对无误后将全部收入装入交款袋内封好，放入保险柜。

③收款员不得单独直接投放交款袋，应该有领班在场或同其他收款员一同投放，然后在监收表上登记并请证明人签字证明。证明人一

经签字即对交款袋的投入负有全部责任。

④晚班领班下班前，要检查核对监收表的记录与实际收入是否一致。出现问题应查清原因，查不清的应马上报告主管或经理。特殊情况应在监收表上备注栏内注明。

⑤一般情况下，开启收入保险柜要有两把钥匙，一把由出纳员随身携带保存，另一把由财务部经理保存。

⑥每天早晨清点收入款时，由出纳员、财务部秘书共同开启保险柜。非财务部收款员交回的营业收入，出纳员应会同交款人一同开袋清点，将清点数额填入收入报表，并签字确认。

（2）票据管理制度与规定

①经营专用的有价票据、发票、防伪标志等，由票据管理员专人负责管理。

②发票的保管、领用、开具和印制都要严格按照国家关于发票管理办法及有关条例执行。

③票据管理员必须准确记录票据的领取、发放和存余的数量并要保证有价票据后期制作符合标准。

④财务票据专用章应该由出纳员保管，归票据管理员使用，其他人不得擅自使用。

⑤收款员不得私下换票，否则就要受到相应的惩罚。

⑥电脑员每天录入前一天领、发票据和售票分析资料，对票据进行追踪监督。

⑦监查人员要加强核查，定期对票据库进行必要的检查。

⑧票据员要根据票据记录做好登记工作。

⑨使用过的发票存根要及时回收，随时整理登记。

⑩过期的废票做好必要的回收与销毁工作。

（二）体育赛事的支出管理

下面主要以体育场馆的支出为例进行分析。

1. 体育赛事场馆费用的支出计划

有收入就要有支出，体育赛事的支出管理也是财务控制管理的重要内容。一般情况下，体育赛事场馆的费用支出主要是按照赛事经营的规模、赛事体制等方面制定的。制定一个科学合理的赛事支出管理制度对于体育赛事的健康发展而言具有非常重要的意义。

对于体育赛事的组织者而言，应在月底制定下月的赛事费用支出计划，并由体育赛事的财务部门进行汇总、审核，经办公会议或总经理审批，即成为体育赛事当月的费用支出计划。

2. 体育赛事场馆的费用支出标准

体育场馆财务支出的标准不是盲目制定的，而是要根据赛事场馆规模的大小等情况而定。

体育场馆的费用支出标准可以参考以下内容。

（1）属于生产经营性的各项费用，如：×××元以内的凭税务部门的正式发票，先由经办人和部门经理签名后，报分管领导批准，然后送财务经理审核报销。超过×××元以上的须报财务总监批准。

（2）属于非生产经营性的各项费用，如：×××元以内的按第一条执行，×××元~×××元的，报财务总监批准，超过×××元的报董事长批准。①

四、财务控制的过程

在体育赛事的财务管理中，财务控制过程是始终贯穿于整个赛事的运作过程之中的。这一控制过程主要包括事前控制、赛中控制和事后控制等几个部分。作为体育赛事的工作人员，一定要严格控制这一过程，促进体育赛事财务活动的顺利进行。

（一）事前控制

事前控制主要指的是在财务活动发生之前所进行的控制活动。这一过程对于后续活动的进行起着重要的基础作用，因此要重视起来。体育赛事财务控制中事前控制的内容可以包括以下几个部分。

第一，分解各项财务指标，并将其落实到体育财务的各个部门。

第二，各项指标的制定要合理，利于财务目标的实现。

第三，制定与执行相应的财务标准与制度，如规定现金使用范围等。

（二）事中控制

体育赛事财务控制过程中的事中控制是非常关键的一个环节，这

① 谈群林.体育场馆经营管理实务[M].广州：华南理工大学出版社，2011.

一环节的工作内容主要是对各种业务活动按照计划与制度的要求进行审查，同时采取相应的措施进行控制。例如，体育赛事组织者为了控制短期偿债能力，随时分析流动比率，然后采取合理的应对策略与手段。

（三）事后控制

体育赛事的财务控制过程少不了事后控制这一环节，这一环节容易被一些赛事工作人员忽略。事后控制即在计划执行之后，认真分析检查实际与计划之间所存在的差异，同时采取有效的措施消除偏差或者调整计划，从而有效控制差异的扩大。这一控制过程对于体育赛事财务活动的顺利进行能起到良好的保障作用，因此要重视起来。

五、体育赛事的财务评价

在体育赛事的财务管理中，财务评价是不可缺少的内容之一，通过财务评价才能得到及时有效的反馈信息，体育赛事财务工作人员才能依据这些反馈信息修改与调整财务方案，保证体育赛事财务活动的顺利进行。

（一）体育赛事财务报告的撰写

要做好财务评价工作，学会撰写财务报告是必需的。通过财务报告，体育赛事组织者才能获得必要的会计信息，从而更加清晰地认识到体育赛事管理中存在的问题与不足。体育赛事运作机构要制定一个完善的年度财务报表来说明体育赛事的具体情况，这一财务报表可以是公开的。一个完善的财务报告应包括以下两个方面的内容。

1. 赢利与亏损报告

在体育赛事财务工作中，财务报告的撰写是非常重要的一方面。赢利与亏损报告的撰写是其中必不可少的内容。这一报告主要显示了一段时间内体育赛事的收入、支出以及纯利润，标题应该包括体育赛事运作机构名称、报告类型以及报告所跨的时间范围，该报告还包括特定时间内的现金交易与贷款交易，并被看作是判断与推测销售、成本、费用及利润的经营状况凭证。除此之外，这一报告还清楚地勾画出了体育赛事运作机构在一年内的纯利润水平，同时还能反映出体育赛事组织者的财务管理水平。

2. 资产负债报告

资产负债报告也是体育赛事财务报告的重要内容之一，这一报告主要显示了体育赛事运作机构的资产、债务、物主产权等方面的财务内容。通过这一报告，赛事赞助商及相关利益者能清楚地了解体育赛事组织机构的财务状况。

一个完整的资产负债报告标题主要包括体育赛事运作机构名称、报告类型以及日期等。通过这一报告的撰写，赛事组织者及投资者都能清楚地了解赛事机构的资产负债情况，防止出现现金消耗殆尽的情况。为杜绝这一类问题，体育赛事组织机构必须要大力发掘必要的财务资源，要能保证有充足的现金流入到商业营运之中，同时要时刻警惕与其他体育赛事组织机构之间的财力资源的竞争。另外，撰写一份完善、合理的体育赛事资产负债报告对于体育赛事组织机构盈利的增长还具有非常重要的意义。

（二）财务评价的原则

体育赛事组织者在进行财务评价的过程中应把握一定的原则。衡量一项体育赛事是否取得了成功，不仅要看其是否取得了经济效益还要看能否获得良好的社会效益，只有经济效益与社会效益都获得共同发展了才能说是成功的体育赛事。除此之外，体育赛事的财务评价还要注意以下几个原则。

1. 费用与效益计算范围的一致性原则

这是财务评价工作所要遵循的一项基本原则，对于体育赛事的财务评价而言也是如此。体育赛事所需要的各项经费与收益的计算不能割裂开来分别计算，而是要保持在同一个范围内，这样才能保证财务评价结果的准确性和可靠性。

2. 费用与效益识别的有无对比原则

体育赛事的财务评价还要遵循费用与效益识别有无对比的基本原则。这一原则的内涵主要体现在以下两个方面。

第一，在体育赛事财务评价活动中，进行费用与效益识别对比的主要目的在于识别增量效益，当然受其他因素的影响，体育赛事也可能会获得另一些收益，进行费用与效益的对比能识别这些增量效益。

第二，有无对比原则适用于旧项目的改造，不适用于新项目的建设。如体育场馆的修缮就可以遵循这一原则，而为了举办某一项体育赛事新建的体育场馆则无须遵循这一原则。

3. 动态分析与静态分析相结合的原则

在体育赛事财务评价中还要遵循静态分析与动态分析相结合的基本原则。静态分析主要侧重于分析经济变量的均衡条件以及某一经济现象的均衡状态。动态分析则主要是研究各种经济因素影响经济发展变化的进程。在体育赛事财务工作中，影响财务评价的内容和因素是非常多的，这些因素随着时间的推移都有可能发生某些变化，因此要采取动态分析与静态分析相结合的方法进行评价，这样才能保证评价结果的准确性和可靠性。

（三）财务评价的方法

1. 成本效益评价法

（1）直接经济效益的评价：通常情况下，体育赛事的直接经济效益在成本及收入核算中都能计算出来，但也有一些方面的效益不能从体育赛事财务核算中直接体现出来。如奥运会对一个城市经济的影响是非常广泛和深远的，并不仅仅局限于给体育赛事组织者带来的经济效益。

（2）就业效应：体育赛事对一个国家及城市的影响是巨大的，尤其是那些规模宏大、具有世界影响力的体育赛事，如奥运会、世界杯等，这些赛事通常能为一个国家及地区创造大量的就业机会，这些就业机会涉及社会的各个领域和层面，如餐饮业、建筑业、酒店服务业等。

（3）政府收支：举办体育赛事能创造大量的就业机会，缓解一个国家或地区的就业压力，在这样的情况下，政府能省去一部分救济相关就业人员失业的费用，这相当于获得了一部分收入，平衡了政府收支情况。

（4）隐性收支：那些影响力比较大的体育赛事对举办城市的影响并不仅仅是短期的而是长远的，另外对经济的影响也不仅仅是直接的，还存在着一部分隐性收入。

2. 社会效应评价法

看一项体育赛事是否取得了巨大的成功，一部分要看是否取得了理想的经济效益，另一方面也要看是否获得了良好的社会效益。一项成功的体育赛事往往能给社会及人们带来积极的影响，能推动社会的稳定和谐发展，能促进人们积极主动地参与体育健身，这些效益都是无法从具体的数据上反映出来的。因此，社会效应的评价也是必不可少的，同样要引起重视。

第四节 体育赛事的财务风险识别与控制管理

在体育赛事财务工作中难免存在着一定的风险，这是非常正常的。那么如何做好体育赛事的财务风险识别与控制工作就显得非常重要。

一、体育赛事财务风险识别与评估

（一）体育赛事财务风险的识别

体育赛事的财务风险识别是周密分析体育赛事组织所处的外部自然环境、经济和社会环境，剖析赛事组织财务管理体制和资金运动各环节中客观存在的种种不利因素，找出各种风险要素与风险事件之间的内在联系，以及其他对赛事财务可能造成的威胁的过程。

在体育赛事的财务控制中，学会风险的识别至关重要。体育赛制组织者不仅要学习和掌握基本的财务方面的知识与技能，还要反复实践积累丰富的经验，从而提高体育赛事财务风险识别的成功率，这样能保证体育赛事财务活动的顺利开展。

（二）体育赛事财务风险的评估

体育赛事财务风险评估是在风险识别的基础上对赛事可能遇到的财务风险进行定性或定量的分析。定性与定量分析是体育赛事财务风险评估的两个重要手段。其中，定量分析是建立在定性分析基础之上的，二者之间有着非常密切的关系。需要指出的是，并不是所有的体育赛事财务风险内容都可以进行量化分析，这时就需要进行定性分析。因此，在具体的风险评估工作中要将这两个评估手段结合起来使用，以取得理想的评估效果。

二、体育赛事的财务风险控制

体育赛事财务风险的控制也是非常重要的一方面，当体育赛事工作人员对风险做出一定的识别后就要开展风险的控制工作。这一控制过程对于体育赛事财务活动的顺利开展具有重要的影响和意义。体育赛事的工作人员要根据体育赛事风险的特性合理地处理每一个环节的工作，同时还要坚持以盈利为目标的基本原则，制定并实施财务风险的管理对策，减少财产风险，降低经济损失，要不断地提升自身的风险控制能力，确保体育赛事活动的顺利开展。

除此之外，体育赛事财务风险的控制还要讲究一定的方式和方法，如风险防范法、风险转移法、风险分散法等，这几种风险控制方法可以结合起来使用。

（一）赛事运营人员要树立风险观念，强化风险意识

由于体育赛事活动之中存在着一定的变数，因此其财务活动也是存在着一定风险的，作为体育赛事的组织者要勇于承担并善于分散这些风险，这是保证体育赛事活动顺利进行的关键。

为保证体育赛事活动的顺利进行，赛事组织者应充分遵循风险收益均衡的基本原则，全面分析其收益和安全性，采取收益适当均衡的基本原则来决定采取何种行动方案，按照制定的方案执行财务工作能获得更多的收益。除此之外，在防范财务风险时还要充分遵循“以人为本”的基本思想，培养和提高工作人员的财务风险意识，保证财务活动的顺利进行。

（二）建立健全财务风险管理机制

为保证体育赛事安全顺利地举办，还必须要建立一个健全和完善的财务风险管理机制，在这一机制的作用下，才能将体育赛事的各种风险和损失尽可能地降到最低，从而推动赛事各个系统的顺利运转。

（三）正确处理赛事内部各种关系

体育赛事属于一个相对较大的系统，系统内的要素非常之多，要保证体育赛事各个环节的健康运转，就需要处理好赛事内部各种关系。首先就要建立一个完善的体育赛事制度，这一制度要明确规定体育赛

事相关负责人及其他人员的具体责任和义务，争取实现风险与报酬的统一。另外，还要建立一个合理的行为激励与监督约束机制，解决好赛事所有者和员工、观众之间的关系，从而保证各项体育赛事活动的顺利开展。

（四）提高财务决策水平

随着体育产业市场化的不断发展，体育赛事的运营与管理水平也上升了一个台阶。目前我国大部分的体育赛事都主要由专业的体育经纪公司来运营与管理，这极大地缓解了体育赛事组织者的压力。但需要注意的是，由于体育赛事组织者的放权，这些经纪公司在经验决策和主观决策方面可能会存在一定的问题，从而出现决策失误的情况，这一情况还是客观存在的，要引起高度重视。

为很好地防范体育赛事的财务风险，赛事组织者及管理人员要不断提高自身的财务决策水平，采用合理的财务决策方法。在制定相关财务方案的过程中，经纪公司要充分了解体育赛事的方方面面，构建科学的体育赛事决策模型，从中选择最优的财务决策方案。除此之外，还要建立一个完善、合理的财务工作组织结构，将财务业务划分为若干工作岗位，赋予每一名员工具体的责任，逐步提高财务部门处理风险的能力，将体育赛事的财务风险降到最低。

（五）建立短期财务预警系统，编制现金流量预算

通常情况下，体育赛事的运营周期相对较短，决定体育赛事活动能否长期坚持下去的关键不在于能否取得多大的盈利，而是是否拥有充足的现金储备。可以说，准确的现金流量预算，能为体育赛事组织者提供准确的预警信号，从而促使其及时采取有针对性的措施加以应对。除此之外，体育赛事组织者还可以制定完善的财务指标，以现金流量的方式加以表达，编制准确的现金流量预算，同时要对将来的体育赛事现金流运作状况有一个很好的预测，这样才能有效降低体育赛事财务的风险

（六）强化财务审计监督

审计监督是体育赛事财务工作的重要内容之一，这一工作内容主要包括内部审计和外部审计两个方面。

1. 内部审计

内部审计是体育赛事组织者在组织内部成立独立的财务审计部门对财务控制的再控制。通过这一方面的审计监督工作，体育赛事的财务部门能不断改进和完善财务控制，准确地描述与分析财务状况，为体育赛事财务计划的制定提供客观准确的事实依据。

2. 外部审计

体育赛事财务的外部审计工作主要包括以下两个方面的内容。

一方面，外部审计能有效减少会计工作中的差错和各种舞弊行为，保证体育赛事的财务健康，有效降低体育赛事的财务风险，保证赛事财务工作的顺利开展。

另一方面，外部审计能有效地监督体育赛事的财务状况，将赛事的财务状况准确地向体育赛事组织者或上级领导反映，在这样的情况下，财务活动的顺利开展能得到良好的保障，同时体育赛事的财务活动还能得到社会利益相关者的支持，从而实现健康快速的发展。

第八章

体育赛事安全风险管理研究

体育赛事运作中难免会遇到这样或那样的风险，各式各样的风险及其带来的影响无疑会阻碍体育赛事的顺利举办与可持续发展，而只有加强风险管理与控制，才能避免风险问题和安全事故发生，并尽可能将已有风险的负面影响和造成的损失降到最低。本章主要就体育赛事风险管理展开研究，主要内容包括体育赛事风险管理概述；体育赛事风险管理的内容与过程；体育赛事中的反兴奋剂管理、暴力事件处理以及运动伤病处置。

第一节 体育赛事风险管理概述

一、体育赛事风险

（一）体育赛事风险的概念

体育赛事风险是体育赛事项目生命周期过程中所有影响赛事目标实现的不确定因素的集合。①

① 王守恒，叶庆晖.体育赛事管理[M].北京：高等教育出版社，2007.

（二）体育赛事风险的分类

体育赛事风险的分类方式有很多种，常见的分类方式见表8-1。

表8-1 体育赛事风险分类①

分类依据	风险类型
赛事运作阶段	申办阶段风险
	筹备阶段风险
	实施阶段风险
	结束阶段风险
风险表现形式	自然风险
	市场风险
	政治风险
	基建风险
	环境保护风险
赛事资源	人力风险
	资金风险
	时间风险
	技术风险
	其他风险
风险可控性	核心风险（完工风险、市场风险）
	环境风险（政治风险、金融风险）

二、体育赛事风险管理的概念

体育赛事风险管理是指赛事组织者对体育赛事筹办、举办过程中以及赛后一系列运营活动中存在的危害赛事组织者利益的风险因素进

① 王守恒，叶庆晖.体育赛事管理[M].北京：高等教育出版社，2007.

行识别、估计和评价，并采用合理的经济和技术手段进行处理，以避免事故发生，减小事故的伤害程度，并以最低的成本获得最大安全保障的一种管理活动。[①]

三、体育赛事风险管理的一般策略

（一）设立风险管理机构

体育赛事风险管理机构应在赛事筹备阶段就着手成立，机构中的工作人员应该在风险管理方面有技能、有经验，这样才能从专业的角度识别、评估以及应对体育赛事风险。

（二）制定风险管理方案

体育赛事风险管理机构应针对可能存在的一系列风险因素制定应对方案，由专门的部门负责实施方案中的各项工作，风险管理方案就是开展风险管理工作的行动指南。

（三）出台应急预案

在了解体育赛事经费情况的基础上出台一份合理的、可操作的、详细完备的应急预案，以便随时启动预案。此外，为了宣传安全的重要性，也可向体育赛事的工作人员发放安全手册，使工作人员了解安全规定，掌握应对常见安全问题的有效方法。

（四）规范风险管理工作

风险管理工作应贯穿于体育赛事的各个阶段，如赛前、赛中和赛后，还要贯穿于各个经营活动和环节中，如招标环节、采购环节、特许经营、电视转播、赞助活动等，各个阶段、各项活动以及各环节中的风险管理工作必须规范完成，严格审核风险处理条款，提高管理的规范性、科学性与有效性。

（五）加强对风险转移技术的运用

风险转移是一种非常重要的风险应对与处理手段，其最常见的表

① 黄海燕.体育赛事管理[M].北京：人民体育出版社，2012.

现形式就是购买保险产品，这有助于降低风险事件造成的损失，切实保障体育赛事经营者的利益。

（六）有关部门协助管理

体育赛事风险管理是一项巨大而复杂的过程，虽然设置了专门的体育赛事风险管理机构与部门，但是对于一些影响巨大的风险事件，仅仅依靠风险管理部门是无法充分解决与处理好的，需要相关专业部门（如交通部门、医疗机构、公安部门、消防部门等）和风险管理机构共同应对与处理风险，以避免出现安全事件或将已有风险降到最低。

（七）急救培训和逃生演习

在赛前安排急救培训与逃生演习，是为了一旦发生安全事故，可以迅速应对，及时处理，并保护生命和财产安全。培训与演习应面向体育赛事的所有工作人员及参与人员而开展。

第二节 体育赛事风险管理的内容

一、人身安全与健康管理

体育赛事是在有限的时间与空间内举办的，大量的人在同一时间聚集在有效的空间内，很容易发生危险事件，如因拥挤造成的踩踏事件、因观众骚乱、球迷情绪化而造成的暴力事件等，从而对人的生命安全产生威胁。此外，在封闭的赛场环境中出现火灾这样的突发事件也是有可能的，一旦出现此类事故，将会导致人员伤亡，这是非常重大的安全事故。这些危险事件的发生一方面与当事人自己有关，一方面与赛场管理不当有关。

在体育赛事风险管理中也常常遇到公共健康问题，这方面的管理主要从分类处理垃圾、引导个人卫生行为、监控疾病传播以及监测公共环境卫生等几方面展开。

二、突发事件管理

对财产或生命已经产生了破坏性影响或者可能产生破坏性影响而需要紧急处理的事件就是“突发事件”。识别突发事件、评估突发事件的潜在影响、选择应对突发事件的方式和策略，这是突发事件管理的主要内容。突发事件管理是包含识别、评估及应对的完整过程，而不单单指出现突发事件后如何被动处理。

对于突发事件，我们不能只考虑如何去解决已经发生的危险事件，而要事先重视起来，主动出击，及时发现潜在危险因素，尽可能避免这类事件发生或尽最大努力将损失降到最低。突发事件应急管理过程如图8-1所示。

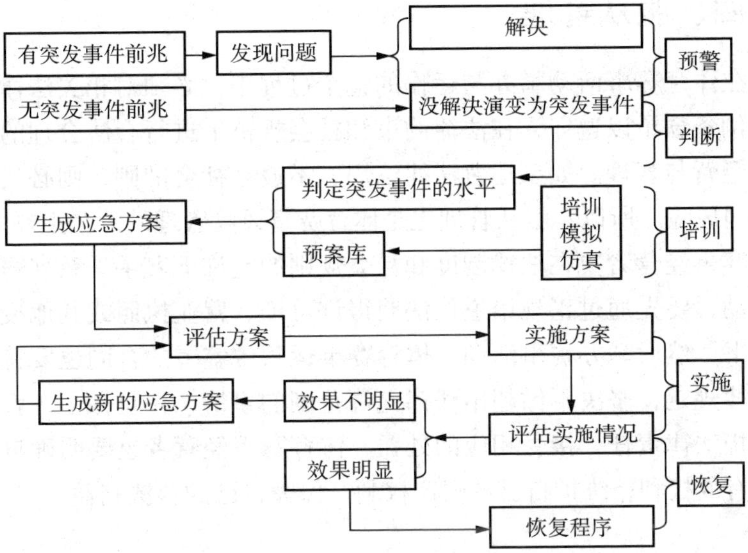

图8-1[①]

三、损失防范

体育赛事运作中发生的风险事件会造成很多损失，包括人的损失、物质的损失和财产的损失，这些损失直接关系到体育赛事经营者的利益。体育赛事中有一些比较常见的赔偿事件，如不能如期举行比赛时

① 陶卫宁.体育赛事策划与管理[M].重庆：重庆大学出版社，2015.

要给电视台赔偿，转播设备出现问题时不能按时转播赛事也要赔偿，出现意外伤害事故要给当事人民事赔偿，等等；这些赔偿无疑会给体育赛事主办单位带来经济损失，同时也造成了信息损失、信誉损失，总之损失是多方面的。因此在体育赛事风险管理中要特别注重损失的防范。

损失防范是为了减少损失成本，所以要加强损失预防，降低损失概率，并在损失出现后及时采取措施止损，避免损失扩大。安全检查、安全培训、安全保卫、安全管理、信息管理、应急计划等是几种常见的损失防范方法。为有效预防损失和减少损失，必须加强对这几种防范方法的运用，尤其是信息管理防范措施。在信息社会，采用先进信息设备保持信息通畅对于预防事故和应对解决事故具有重要意义。

四、服从管理

在体育赛事活动举办与运作的整个过程中，必须对相关法律规定和条例条款予以遵守，在法律约束和社会规范下进行合法合理的体育赛事经营与管理。如果违背法律法规，不遵守社会准则，则必然要面临惩罚风险。所以，服从管理也是体育赛事风险管理的一个主要内容。体育赛事经营者要在法律制度和社会规则的允许下着手一系列赛事运作活动，要先通过正规渠道依法获得许可证、营业执照或其他授权资格证书，然后举办赛事活动。体育赛事运营中签署的合同也要符合相关法律规定，坚决不做超出法律允许范围的事情，一旦做了，就要自觉承担法律责任，接受相应的处罚。体育赛事经营者也要明确自己依法享有的权利，维护自己的财产权利，保障自己的合法利益。

第三节 体育赛事风险管理的过程

体育活动风险管理的程序如图8–2所示。体育赛事是一项特殊的体育活动，体育赛事风险管理中可以参考体育活动风险管理的流程。从图8–2来看，在体育活动风险管理中，体育风险识别、评估和应对是非常重要的三个步骤，它们同样是体育赛事风险管理中的三个关键步骤，下面对这三个步骤一一进行分析。

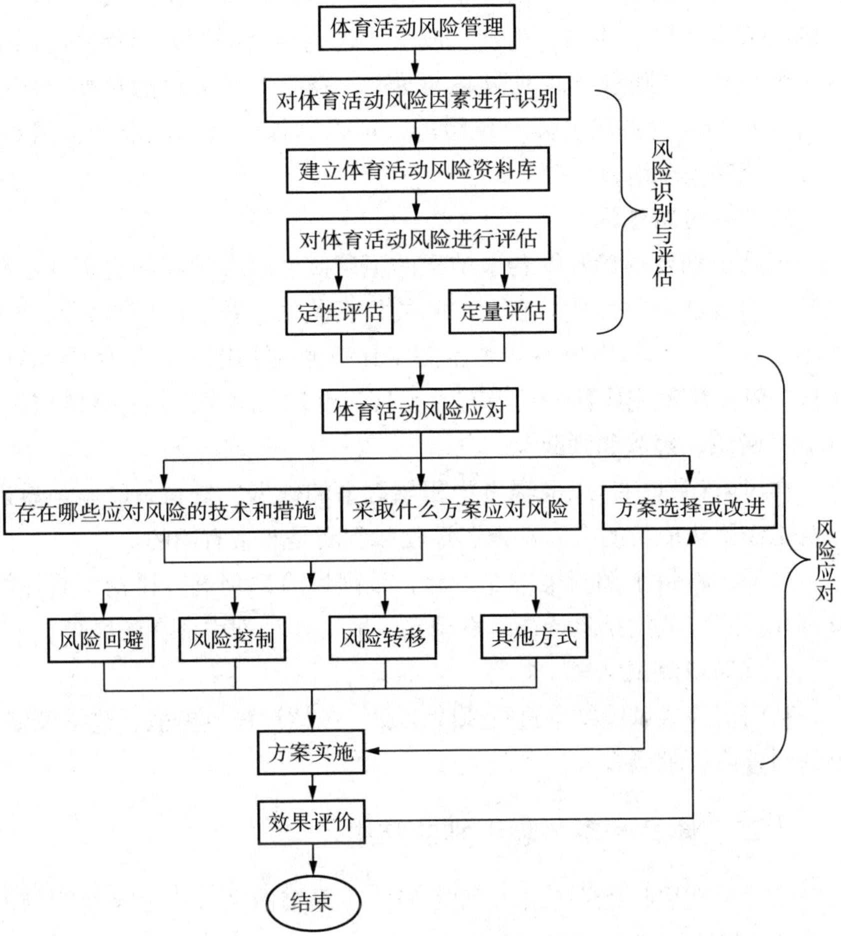

图8-2①

一、体育赛事风险识别

（一）体育赛事风险识别的方法

1. 风险核对表

风险识别实际是关于未来风险事件的一种预测。如果把人们经历

① 高兵，郭彬.体育活动策划与管理[M].北京：化学工业出版社，2016.

过的风险事件及其来源罗列成一张核对表，那么管理人员就容易开阔思路、未雨绸缪，认识到有哪些潜在风险存在。核对表可以包括很多内容，例如，以前此类型的赛事成功或失败的原因、赛事其他方面规划的结果（范围、质量、进度、成本、采购与合同、人力资源与沟通等计划成果）、赛事产品或服务说明书、赛事工作人员的技能、赛事可持续利用的资源等。涉及保险的，可以到保险公司索取相关资料，这样就能够发现潜在风险。[①]

2. 工作分解结构

风险识别要尽量降低赛事结构的不确定性，必须明确赛事的组成及各个组成部分的性质、它们之间的相互关系、赛事同环境之间的关系等，并且将其制作成不同类型的工作分解结构图来辅助风险识别。工作分解结构是完成任务的最有力工具，也是风险识别最有效的措施。

3. 常识、经验和判断

在风险识别中，以前赛事中积累起来的数据、资料、经验、教训以及工作团队成员的个人常识、经验和判断是非常有用的。

另外，将每个部门聚集在一起，根据风险识别进行讨论，并仔细分析和预测可能的风险特征，发现在一般工作计划中潜在的风险。

4. 演习或测试结果

利用实验或试验结果进行风险识别，包括计算机模拟、数学模型、市场调查或文献调查等。

（二）体育赛事风险识别的结果

风险识别后将识别结果整理出来，写成书面文件，为风险管理做好准备。风险识别的成果包含以下内容。

（1）风险原因列表。

（2）风险分类、分组。

（3）风险表现特征。

（4）对赛事管理其他方面的要求。

二、体育赛事风险评估

在识别体育赛事风险后，就要综合评价赛事风险了，主要是对风

① 邵俊文.现代体育赛事的经营管理与赞助研究[M].北京：中国原子能出版社，2012.

险的危害性、影响性进行评估，这个过程中会用到很多风险评价技术与方法，而且风险预警是不能忽视的一项工作。只有通过科学而全面的评估，才能为设计具体的应对措施提供参考依据，从而为赛事的成功运作提供保障。识别、分析与评价赛事风险后，赛事管理者就能基本知道赛事发生的可能性有多大，风险会带来什么样的影响，影响范围是什么，影响有多大，等等，了解这些问题才能建立风险预警机制，采取风险控制策略，达到预期控制目的。需要注意一点，风险评价不代表赛事管理者自己的判断，赛事管理者只是将此作为风险管理的工具。

体育赛事风险评估阶段的任务流程如图8–3所示。

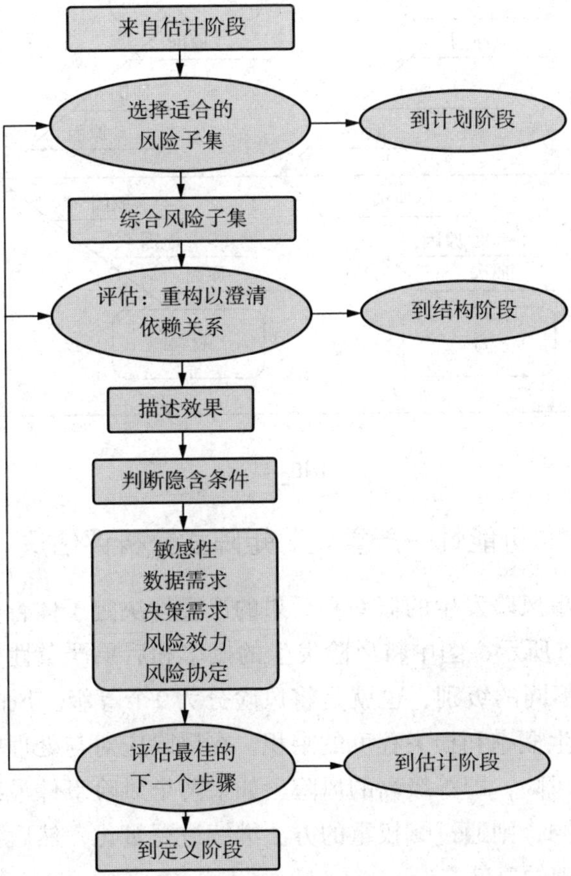

图8–3[①]

① 王守恒，叶庆晖.体育赛事管理[M].北京：高等教育出版社，2007.

下面介绍体育赛事风险分析与评估的几种常用方法。

（一）“因—果树”分析评估法

“因—果树”法在方法论上属于归纳性的分析评估方法，这种分析法是团体成员共同参与的集团体力量、智慧、思维于一体的方法，所有团体成员从多个角度对问题成因进行分析，挖掘风险因素，最终得出多个应对方法。这种分析评估法的示意图如图8-4所示。

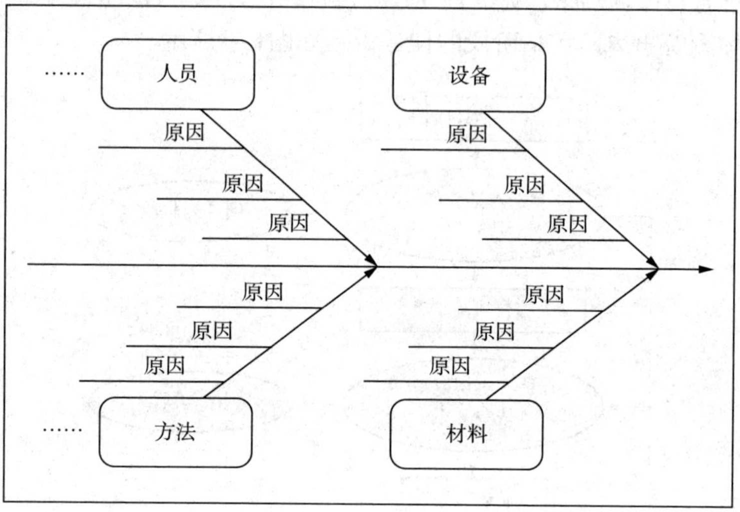

图8-4[①]

（二）“可能性—严重性”矩阵式分析评估法

体育赛事风险发生的概率和后果的严重性决定了体育赛事风险大小。如图8-5所示，图中将风险发生的概率和后果严重性分别从小到大分为1~9不同的级别，也就是将风险分为9个等级。风险的预测值就是风险发生概率和损失程度的乘积。在风险应对与处理中优先处理预测值大的风险，即等级高的风险。如果两个风险事件最终计算出来的预测值相同，则通过赋权重的方法继续进行量化，然后再根据结果决定优先处理的事件。

① 陶卫宁.体育赛事策划与管理[M].重庆：重庆大学出版社，2015.

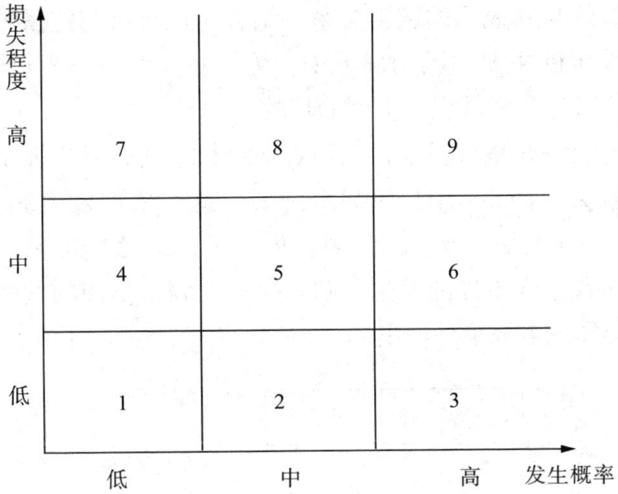

图8–5

也可以用表格的形式来表示体育赛事风险等级，见表8–2。

表 8–2　体育赛事风险等级表①

可能性	后果				
	1 影响很小	2 一般	3 较大	4 重大	5 特别重大
A 基本不可能发生	低	低	低	中	高
B 较不可能发生	低	低	中	高	极高
C 可能发生	低	中	高	极高	极高
D 很可能发生	中	高	高	极高	极高
E 肯定发生	高	高	极高	极高	极高

（三）故障树形图分析评估法

这种分析评估法与第一种分析评估法相反。这种方法是用树形图

① 黄海燕.体育赛事管理[M].北京：人民体育出版社，2012.

表示风险事件与其成因的逻辑关系，结合定性分析与定量分析将导致风险事件发生的主要原因明确下来，为寻找应对策略提供现实依据，以达到预防风险和降低损失程度的目的。

在封闭的空间举行赛事，大量观众聚集于此，发生拥挤踩踏事件的可能性较大，图8–6用故障树形图表示这一事件发生的逻辑关系，图中的加号（+）是“或”的意思，就是下面的这些情况只要发生一件，就会导致上面事件的发生。圆点（·）表示下面的这些情况同时存在，就会导致上面事件的出现。

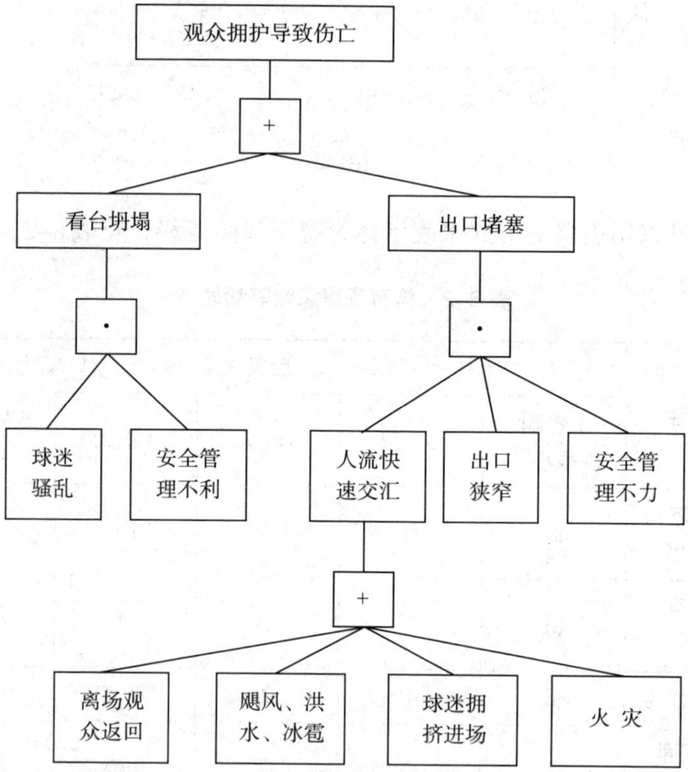

图8–6

体育赛事风险的分析评价结束后，要对体育赛事风险评价报告予以撰写，以方便风险管理者尽快出台风险应对方案，撰写评估报告的流程如图8–7所示。

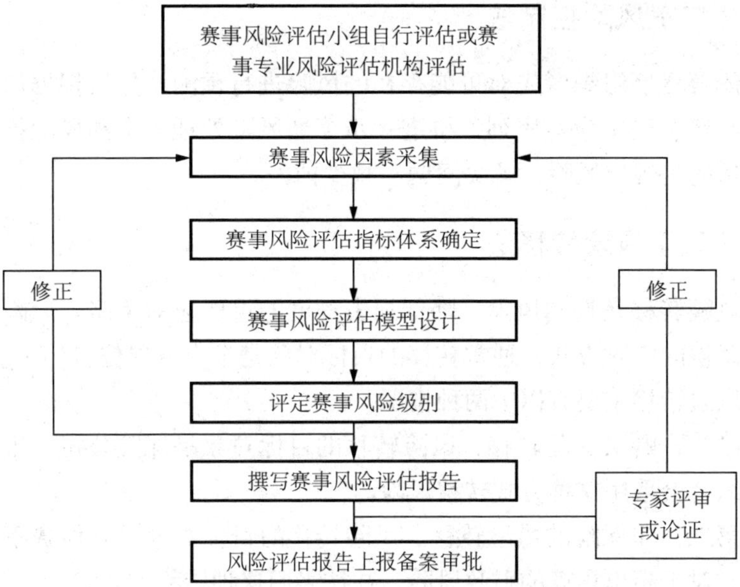

图8–7

三、体育赛事风险应对

体育赛事风险应对的方法主要有以下几种。

（一）风险回避法

在体育赛事筹备期要善于总结与借鉴已有经验，认真分析已经存在和潜在的影响因素，以达到规避风险的目的。回避风险主要有以下两种情况。

第一，这种类型的体育赛事以前没有举办过，无法预料会有什么样的风险，也不知该如何应对，索性不举办。

第二，赛前对风险大小进行了预测与评估，发现存在较大风险，所以放弃举办。

这种风险应对方式具有消极性，虽然不用承担风险，但是不举办赛事也无法取得预期利益。事实上，不管举办什么体育赛事，都有风险存在，不可能完全避免，所以尽可能积极应对。

（二）风险控制法

体育赛事组织者先对可能存在的风险进行预测，然后根据风险的类型与等级确定应对序列，再进一步策划风险处理方案和风险抢救方案，目的是规避风险、解决问题、减少损失。

（三）风险转移法

风险转移是控制风险、降低损失程度的重要应对策略。风险转移是有意识的应对方式，通常转移的目标对象是个人或单位。

风险转移主要有以下两种情况。

第一，购买保险转移，风险转移的目标对象是保险公司，很多赛事组织者会采用这种方式转移风险。

第二，非保险的风险转移。风险转移的目标对象是其他赛事组织机构。对于超出预算的财政风险，往往采用这种转移方式。

（四）风险自留法

风险自留就是赛事组织单位以本组织的风险自留基金做保障而自愿承担风险，这是一种财务性质的风险应对策略。赛事组织者之所以选择这种风险应对方式，一方面是因为风险是不能完全避开的，另一方面是因为赛事能够给其带来可观利益，而且风险造成的损失和这个利益比起来不值一提。

四、体育赛事风险控制

（一）风险控制的概念

在体育赛事风险管理中，风险控制是必不可少的内容。体育赛事的风险控制是指在体育风险事件发生之后所进行的一系列相关决策与行动，具体的行动包括启动风险应变方案、监控风险发展趋势，以及防范新的风险等工作。在现实当中，体育赛事并不能完全避免风险事件的发生。那些体育赛事运作管理机构不希望发生的，而且对于体育赛事运作具有较大范围或者较大程度影响的事件，我们一般称之为“体育赛事突发事件”。在体育赛事风险控制当中，最基本、最核心的内容就是对体育赛事突发事件的处理。

（二）风险控制的原则

面对体育赛事中所发生的各种突发事件，我们应该调动各种可利用的资源，采取多种切实可行的方法与方式，尽可能地控制或者消除突发事件所产生的消极影响，防止造成更大的损失，特别是应该注意防止可能出现的连锁反应。

一般来讲，处理体育赛事的突发事件主要应该遵循以下几个方面的原则。

1. 迅速反应的原则

当发生体育赛事突发事件之后，会很快通过媒体以及公众口头的途径进行传播，进而引起社会的关注。此时，应该迅速制定相应的对策，做出准确及时的反应，同时迅速公布突发事件的真相以及所采取的相关措施。

在很多种情况下，突发事件的严重后果并不在于事件的直接后果，更在于赛事整体形象与信誉的损坏。迅速反应一方面应该有效抑制事态的继续扩大，另一方面还应该有助于获得公众的同情与支持，这样能够一定程度上减少突发事件所造成的损失。

2. 尊重事实的原则

一般情况下，体育赛事中所产生的突发事件会使社会公众产生多方面的猜测与怀疑，特别是对于大型的体育赛事，更容易引起社会各方的广泛关注。

在发生突发事件之后，体育赛事运作管理机构应该保持公开、坦诚的态度，同时应该避免出现高度防卫的姿态，不能试图通过谎言来掩盖事实的真相，越是隐瞒真相就越会导致恶劣的后果。

3. 立场明确的原则

在突发事件发生之后，体育赛事运作管理机构应该保持一定的灵活性来应对事态的发展变化，应该避免在公众或者媒体面前闪烁其词或者立场不坚定，这样会使得公众与媒体认为赛事运作管理机构处理事态不力，甚至会被误认为是在故意隐瞒事实的真相。因此，对于赛事突发事件的基本立场应该严格遵守，同时还应该对其进行反复的强调。

4. 依法执行的原则

体育赛事突发事件的处理需要快速反应，同时做到随机应变，能够根据不同的情况采取相应的有效措施来应对。但是，与此同时也应该强调依法执行，从而有效防止更多不可控因素的产生。体育赛事运作管理机构应该严格按照法定权限与相关程序采取相应的措施。

虽然基本上所有的体育赛事运作管理机构都能够理解，做好风险识别与防范工作是非常重要的风险管理措施，但是无论怎样都不能够从根本上彻底消除风险。

第四节 体育赛事中的反兴奋剂管理

一、体育赛事中的反兴奋剂机构与管理内容

体育赛事有些是由体育系统举办，有些由社会组织举办，有些由商业俱乐部举办，凡是由体育系统举办的，不管是什么类型什么级别的赛事，都会对专门的兴奋剂检查机构予以设置。兴奋剂检查委员会是体育赛事组委会下设的一个常见的组织机构，该组织机构的规模要视赛事的规模、比赛项目及参赛运动员的数量而定。通常体育赛事组委会下属的兴奋剂检查委员会中有1名主任，1名副主任，4~6名熟悉兴奋剂检查技术与流程的专业管理人员。如果是综合性的体育赛事活动，如大规模的运动会等，一般会将兴奋剂检查委员会与医疗组织机构合并，这样就没有单独的兴奋剂检查机构了，而变成了兴奋剂检查小组，该小组中通常有1名负责人和2~3名技术熟练、经验丰富的专业兴奋剂检查人员，他们负责兴奋剂检查各个流程的工作事宜。有时也会根据赛事需要设置其他相关岗位，安排相应数量的专业人员来完成兴奋剂检查工作任务。另外，兴奋剂检查实验室中的工作人员应该是熟练掌握生化检测技术的专业人员。

体育赛事组委会可以直接领导兴奋剂检查机构，兴奋剂检查机构的工作人员除了要服从赛事组委会的领导外，还要依法照章开展兴奋剂检查工作，因为工作的特殊性，他们的工作权利相对也是独立的。兴奋剂检查、测试都要严格按照规定程序来开展落实，所以检查结果

并不能当场出来，具有一定的滞后性。但是不管结果什么时候出来，只要裁定运动员兴奋剂检查结果没有通过，都要依法处理，如取消参赛资格或取消比赛成绩等，以此来保障体育赛事的公平、公正。

二、兴奋剂检查

兴奋剂检查是一种医学鉴别手段，主要是为了检查运动员是否服用违禁药物，以保障体育赛事的开展是建立在公平、公正与合法基础上的。检查的主要方式是检测尿样或血样。

兴奋剂检查是由兴奋剂检查委员会或兴奋剂检查工作小组负责的工作，工作人员直接与运动员接触，完全以人工操作的方式进行检查，但检查结果不可避免地会受到人为因素的影响，如人为作假，人为干扰等，为防止这类事件发生，组委会安排的检查人员至少两名以上，他们共同完成兴奋剂检查工作，互相监督对方的工作与行为。当有多名工作人员同时执行兴奋剂检查任务时，必须指定一名负责人，负责人要具备熟悉检查流程、检查技术以及有良好的职业道德素养和丰富的工作经验等条件，指定负责人是国家兴奋剂检查规则中明确规定的，这样既能提高监督的有效性，又能使工作人员明确自己的职责。

兴奋剂检查委员会或工作小组开展工作时必须出示权威证件或授权书，然后按照规定程序对运动员进行检查，对其体内物质予以采集，这是为了保障检查的严谨性和合法性，同时也是对运动员合法权益的一种保障。兴奋剂检查小组还有权利进入训练场、运动员驻地等特定场所进行检查，从而创造公平、公正的比赛环境。

兴奋剂检查的工作流程如图8-8所示。

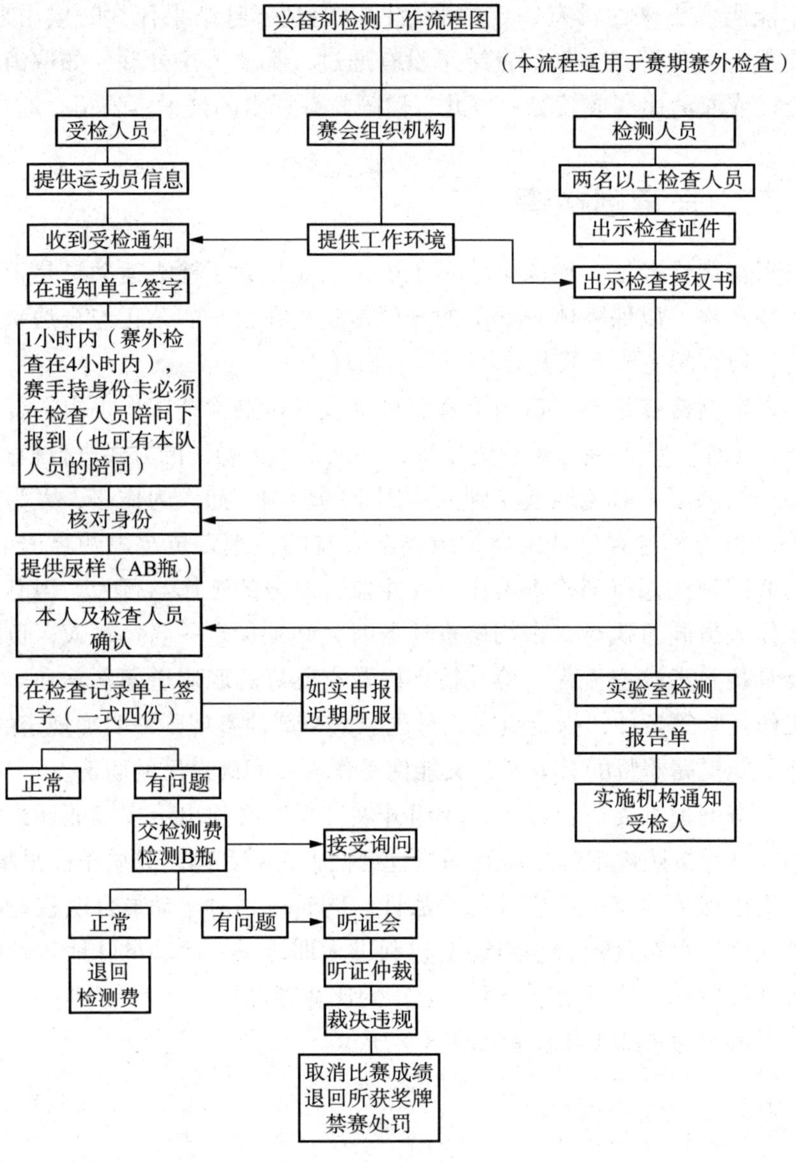

图8-8[①]

当兴奋剂检测实验室的检测工作完成后，检测结果出来先向检查实施机构送报告单，然后再向运动员所在的协会送检测报告单，这个环节需要单项体育组织来送，单项协会向运动员本人发布正式通知时

① 樊志军.体育赛事的组织与管理[M].北京：人民体育出版社，2007.

要借助信函的方式，检查日期、地点和检查结果应在信函中准确写明。

如果运动员确实服用禁药参赛，违背了体育赛事反兴奋剂规定，就要取消他的比赛成绩，令其将在此次赛事中获得的奖金、奖牌及其他奖励退还予组委会，然后按规定对运动员进行处罚。

第五节 体育赛事中的暴力事件处理

体育赛事中的暴力事件指的是在认定比赛场所中出现的对社会秩序与体育健康发展有危害性影响的各种攻击性行为。①暴力事件严重影响了体育赛事的顺利开展，影响了赛场观众的人身安全，必须予以严肃处理。本节主要分析体育赛事中出现暴力事件的原因以及预防和处理暴力事件的建议。

一、体育赛事中出现暴力事件的原因

（一）裁判的执法水平和职业道德水平不高

从某种角度上来说，裁判的执法水平与赛场暴力行为的产生有一定的内在联系。裁判作为赛场的黑衣法官，几乎所有的判罚都会触动观众、运动员和俱乐部官员每一根敏感的神经，甚至会直接引起他们情绪的较大起伏，尤其在敏感时机与区域（禁区）的判罚，稍不留神就会触发赛场暴力，因此裁判的不当判罚常被喻为赛场暴力的“导火线”。从有关统计来看，裁判常常是赛场上被攻击的主要对象，可见裁判的执法水平与职业道德水平遭到了质疑。②

① 钱宗梅.我国球场暴力的现状及其成因研究[J].江苏经贸职业技术学院学报，2013（05）：56-58.

② 钱宗梅.我国球场暴力的现状及其成因研究[J].江苏经贸职业技术学院学报，2013（05）：56-58.

（二）球迷观众的心理倾向性受挫

现代社会竞争越来越激烈，社会压力对个体的影响也越来越大，但多数人却把这种压力隐藏在内心深处。体育赛场上的许多观众尤其是观看球赛的球迷来球场是为了宣泄，因而在球场上大声呐喊和叫骂。当然，球迷到球场看球期望自己喜欢的球队能够取得胜利，在这种倾向性心理的影响下，球场上两支球队细微的变化都可能引起他们情绪的巨大变化，当球队暂时落后或比赛形势与他们的预期稍有不符时，就会掺杂着生活、工作、学习等方面给其带来的负面情绪而引发一些非理性化的行为，有学者认为球场就是社会的晴雨表。

（三）球员自身的文化素养较低

运动员的文化素养较低是一个由来已久的问题，尤其是部分专业队队员，其文化素养不太乐观。文化素养较低势必会影响运动员人生观、世界观和价值观的形成与完善，他们在遇到不顺心的事情时极易冲动，往往选择用武力来解决问题，而很少考虑后果的严重性。

（四）赛场中的腐败现象

比赛胜负体现的不仅是对抗双方竞技水平的高低，也关系到企业和俱乐部的发展前景，球赛尤其如此，因此各企业和俱乐部会不惜一切代价来提高自己球队在联赛中的排名。在这种情况下，有些职业道德水平不高的球员和裁判抵挡不住金钱的诱惑，铤而走险踢假球、吹黑哨，把赛场弄得乌烟瘴气。此外，球迷参与非法赌球的现象也较为严重。当发现比赛结果与自己的预期不符时，这些球迷很容易产生被剥夺感，进而以非理性化的行为来发泄内心的不满。

（五）运动员培养体制问题

我国运动员的主要成长道路是少体校、体校、体工队、职业运动员，在其成长过程中缺乏良好的学习氛围。长期的体教分离导致运动员大部分时间都在训练中度过，枯燥的训练会让他们的性格受到一定程度的压抑。而且其作为个体受教育内容与社会风气格格不入，也很容易导致人格分裂和行为约束力的丧失。圈养导致的人格缺失使得我国职业赛场暴力不断，群殴事件频繁发生，而且规模越来越大。[①]

（六）制度与管理问题

我国职业比赛尤其是职业球赛中暴力屡禁不止，特别是球员暴力行为愈演愈烈，与我国职业联赛的相关制度不无关系。没有好的制度再加上管理不严，对于自我控制力较弱的球员来说，球场秩序更是问题，这是热身赛上频出群殴事件的一个主要原因。在相关的标准、法规与制度出台前，热身赛应该是预防与管理的重中之重。

二、预防与处理体育赛事中暴力事件的建议

（一）建立严密科学的管理体系

管理体系应更多、更充分地体现应对突发事件的能力，加强安检，提高值勤民警干预暴力事件的能力和水平，既要保护观众参与运动的热情，又要引导观众理性看赛，使情绪宣泄始终控制在可调控的范围，同时要引导观众多了解一些比赛规则和体育内涵。[②]

（二）提高球员的文化素养

运动员是整个竞技体育的主体，他们的言行对观众特别是青少年及整个社会有着举足轻重的影响。运动员不仅要有高超的运动技巧，还要有高尚的品行，所以从小对运动员加强文化与思想品德教育很有必要。

（三）提高裁判的执法水平和职业道德水平

经常组织裁判进行学习交流，保证其有集中的时间共同学习、共同研究体育专业技术问题，在比赛中尽可能不出或少出差错。加强对裁判的管理与监督，杜绝其受贿或参与赌球，对于重要且敏感的赛事，可以考虑从国外聘请裁判执法。同时也要加强对体育从业人员的管理与监督，提高其社会责任感和职业道德水平。

---

① 钱宗梅，刘志民.我国球员群殴行为研究[J].体育文化导刊，2013（05）：49–52.

② 钱宗梅.我国球场暴力的现状及其成因研究[J].江苏经贸职业技术学院学报，2013（05）：56–58.

第六节 体育赛事中的运动伤病处置

一、体育赛事中运动损伤的急救方法

（一）外出血

损伤有明显的外出血时，可用压迫止血法止血。压迫出血处的供血血管。出血部位不同，压迫的血管也不同，操作方法如图 8–9 所示。

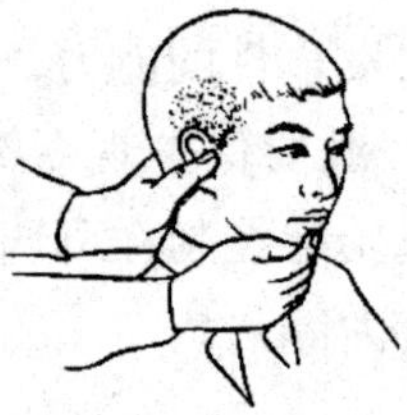

① 头部出血：压迫颈动脉

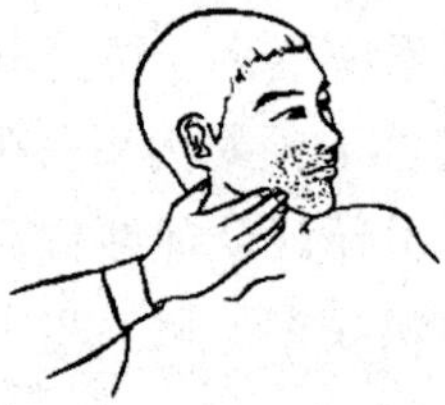

② 面部出血：压迫面动脉

③ 肘关节以下部位出血：压迫肱动脉

④ 颈动脉出血：压迫锁骨下动脉

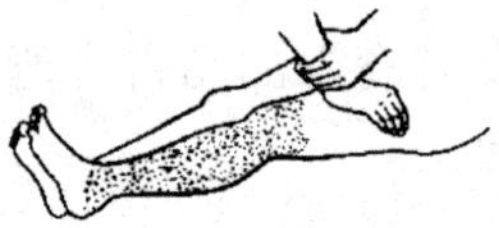

⑤ 下肢出血：压迫股动脉

图8–9

（二）骨折

发生骨折时的现场急救方法如下。

（1）先采取保温措施进行抗休克处理，然后给患者输血。如果大血管出血，立即用止血带止血。

（2）如果骨折端已经戳出伤口，先清理骨折断端的污物，然后再复位。

骨折急救处理中，骨折部位的临时固定非常重要，前臂骨折、肱骨中段骨折、小腿骨折、股骨骨折的临时固定方法分别如图8–10、图8–11、图8–12及图8–13所示。

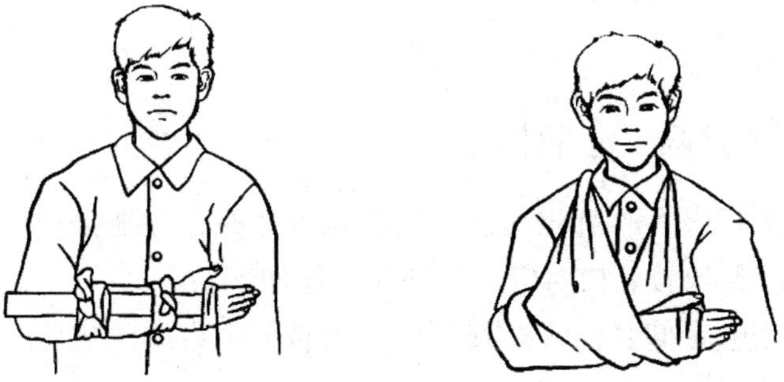

①　　②

图8–10

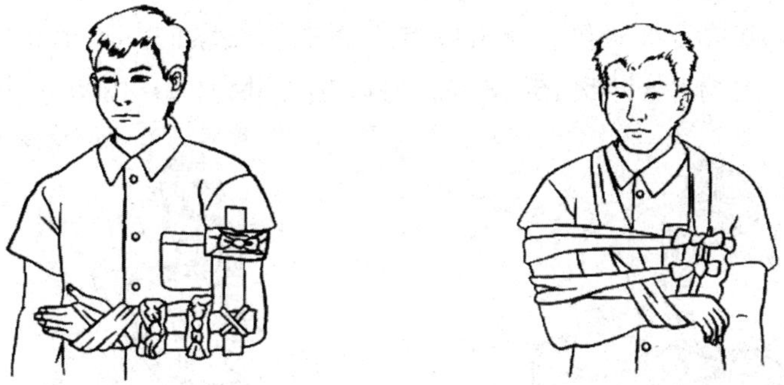

① 有夹板包扎法　　② 无夹板固定躯干法

图8–11

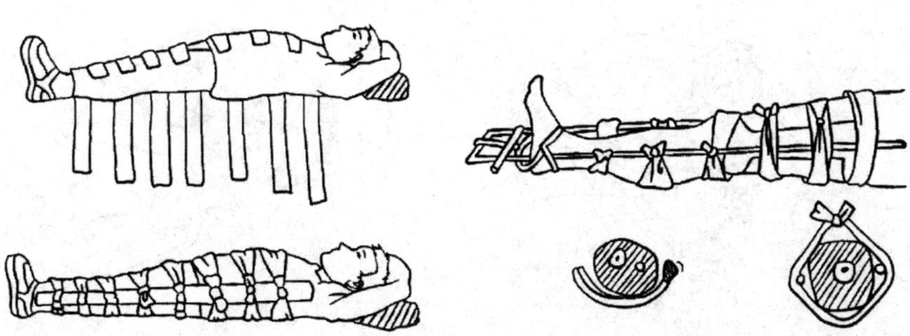

①　　②

图8–12

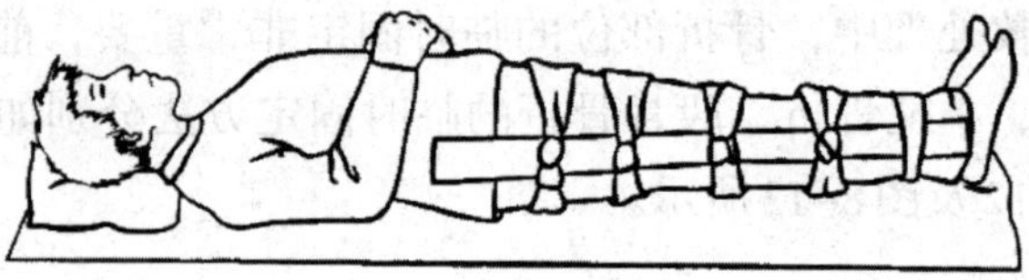

图8-13

（三）呼吸、心跳停止

当发生呼吸、心跳骤停这样的严重事故时，一般采用人工呼吸方法来进行应急抢救。口对口人工呼吸操作如下。

（1）让患者仰卧，解开其领口、胸腹部位束缚的衣服、裤带，清除其口腔异物，如图8-14①。

（2）施救者一手掌尺侧放在患者前额，使患者头向后仰，用拇指和食指捏住患者鼻孔，另一手放在患者下颌，向上托颈，使其气道通畅，如图8-14②③。

（3）施救者深吸气，张开嘴与伤者的嘴贴紧向其嘴里吹气，如图8-14④。大约1分钟吹16~18次，每次吹气量为800~1200毫升。[①]

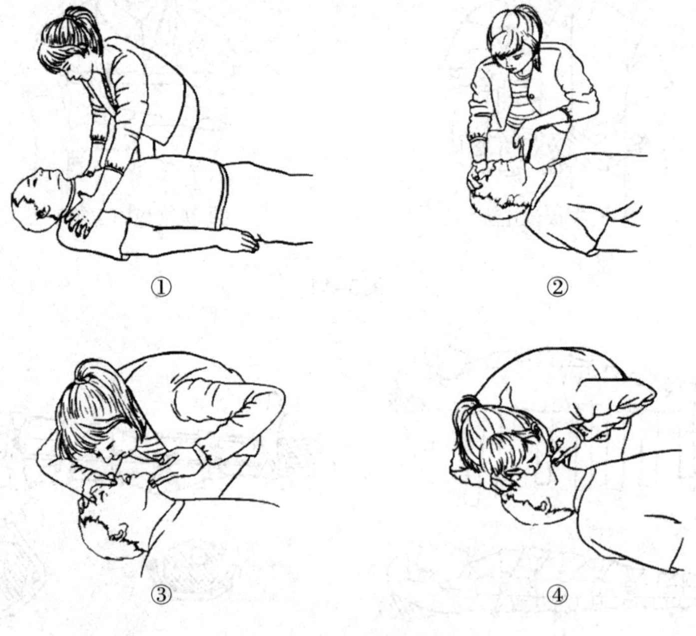

图8-14

① 叶邦林.运动人体科学在竞技体育领域的应用研究[M].北京：科学出版社，2019.

二、体育赛事中常见运动疾病的处理

（一）运动性晕厥

运动性晕厥是由于脑部突然供血不足而引起的一时知觉丧失的现象。出现这种现象后，立即使患者平卧，足略高于头部，并由小腿向大腿、心脏方向按摩或拍击。同时用手指点压人中、合谷等穴位。如有呕吐，应将患者头部偏向一侧。如患者停止呼吸，应立即进行人工呼吸。

（二）运动性贫血

运动时肌肉对蛋白质和铁的需求量增加，一旦不能满足这种需求，就会引起运动性贫血。出现这种情况时适当减少运动量，必要时暂停运动，并补充富含蛋白质和铁的食物、口服硫酸亚铁。

（三）运动性腹痛

准备活动不充分、运动前饮食太饱、腹部受凉都易引起胃部痉挛、运动腹痛。出现这种情况时，减慢运动速度，用手压患部，深呼吸，调整呼吸与运动节奏。若疼痛加剧，应停止运动，揉按内关足三里、大肠俞等穴位。

参考文献

[1]黄海燕.体育赛事管理[M].北京：人民体育出版社，2012.

[2]高兵，郭彬.体育活动策划与管理[M].北京：化学工业出版社，2016.

[3]樊志军.体育赛事的组织与管理[M].北京：人民体育出版社，2007.

[4]陶卫宁.体育赛事策划与管理[M].重庆：重庆大学出版社，2015.

[5]谭建湘，霍建新等.体育场馆经营与管理导论[M].北京：高等教育出版社，2014.

[6]易国庆.体育场馆的经营与管理[M].北京：人民教育出版社，2009.

[7]谈群林.体育场馆经营管理实务[M].广州：华南理工大学出版社，2011.

[8]史国生，邹国忠.体育竞赛组织与管理[M].南京：南京师范大学出版社，2008.

[9]张春萍.体育赛事管理教程[M].北京：经济管理出版社，2016.

[10]项蔓，覃湘庸.区域体育赛事社会文化环境指标体系构建[M].杭州：浙江大学出版社，2017.

[11]王德炜.体育人力资源管理[M].北京：人民体育出版社，2011.

[12]殷有敢.论环境文化教育[J].环境教育，2008（04）：66-67.

[13]刘佳.我国大型公共体育场馆经营管理现状与对策研究[D].西安体育学院，2012.

[14]方福前.论研究奥运经济影响的思路与方法[J].北京社会科学，

2004（02）：3–7.

[15]马少龙，张皓.体育赛事的文化价值与可持续化模式研究[J].当代体育科技，2015，5（14）：146–147.

[16]李采丰，杨宗友.体育赛事文化价值初探[J].广州体育学院学报，2016，36（05）：26–29.

[17]陈乐绿.上海品牌体育赛事发展现状及对策研究[D].上海体育学院，2010.

[18]刘军.苏州市大型体育赛事现状调查与发展对策研究[D].苏州大学，2012.

[19]傅梦婷.疫情影响下中国体育赛事发展困境与升级路径分析[J].辽宁体育科技，2020，42（05）：11–15.

[20]李思思.我国体育赛事IP现状、问题与发展策略[J].体育科技文献通报，2017，25（10）：165–167.

[21]钱宗梅，唐智明.大型体育赛事的人文传播与政治意涵[J].文学教育（上），2017（09）：128–130.

[22]刘瑜.体育赛事文化经营的研究[D].吉林体育学院，2010.

[23]宋兆峰.区域体育赛事社会文化环境指标体系的构建[D].杭州师范大学，2012.

[24]杨帆.体育赛事文化价值与传承研究[D].天津体育学院，2019.

[25]张鲲，石娟，王栋.体育竞赛与赛事文化的关系研究[J].福建体育科技，2012，31（01）：1–3+19.

[26]钱宗梅.我国球场暴力的现状及其成因研究[J].江苏经贸职业技术学院学报，2013（05）：56–58.

[27]钱宗梅，刘志民.我国球员群殴行为研究[J].体育文化导刊，2013（05）：49–52.

[28]王梦.反兴奋剂目标与纪律处罚措施探讨[J].体育文化导刊，2012（01）：7–10.

[29]郑斌，白玲，杜利军，赵健，吴侔天.加强我国反兴奋剂工作的对策研究[J].中国体育科技，2001（07）：8–15.